Freya Klier (Hg.)

Wir sind ein Volk! – Oder?

Freya Klier (Hg.)

Wir sind ein Volk! – Oder?

Die Deutschen
und die deutsche Einheit

HERDER

FREIBURG · BASEL · WIEN

MIX
Papier aus verantwor-
tungsvollen Quellen
FSC® C014496

© Verlag Herder GmbH, Freiburg im Breisgau 2020
Alle Rechte vorbehalten
www.herder.de

Umschlagkonzeption: Verlag Herder
Umschlagmotiv: © Reiner Jensen / dpa picture alliance
Satz: Daniel Förster, Belgern
Herstellung: GGP Media GmbH, Pößneck

Printed in Germany

ISBN Print 978-3-451-38837-8
ISBN E-Book 978-3-451-82126-4

Inhalt

Mein 11. Gebot: Du sollst dich erinnern!

Freya Klier

Wer erinnert sich noch an 1990 – jetzt, im 30. Jahr der Wiedervereinigung? An die Jahrzehnte, die gerade hinter uns liegen, an vierzig Jahre Diktatur?

Noch zu Jahresbeginn versuchten DDR-Liebhaber, »den Westen« lautstark für alles verantwortlich zu machen, was im Osten nach dem Mauerfall nicht rundlief, als plötzlich ein berüchtigtes Virus die Welt in die Zange nahm, auch Deutschland. Es wurde ruhig, der Lockdown griff. Ein Riesenhilfspaket wurde geschnürt – das teuerste in der Geschichte des Bundestages, wie wir hörten. Fast jeden Tag gab es Superlative, die Schwarze Null war rasch Geschichte. Die Olympischen Spiele von 2020 wurden kurzerhand auf 2021 verlegt. Und als wäre das noch nichts, wurde das Virus zur Covid-19-Pandemie, und ein europäisches Eislaufstadion musste zum Leichenschauhaus umfunktioniert werden. Die Zahl der Toten stieg rasant, nun schon weltweit.

Herdenimmunität. Rettungspakete für Menschen, die plötzlich kein Einkommen hatten. Andere arbeiteten sich halb tot und kriegten den Beifall der Nation. Fast 10 000 Reservisten meldeten sich bei der Bundeswehr, um zu helfen – Unterstützung im Sanitätsbereich, bei der Logistik.

Wir alle – Junge und Alte – haben völlig neue Erfahrungen gesammelt. Wir haben uns kennengelernt, in einer Ausnahmesituation. Und irgendwie lief es bisher ziemlich gut. Ist es das, warum ich so gerne in Deutschland lebe?

Anfangs erging es mir wie in Shakespeares »Sommernachtstraum« – nur andersherum: Statt des Ausbruchs wilder Leidenschaft wurde ich über Nacht minimalistisch. Mein erster Gefängnisaufenthalt fiel mir ein: Als ich 18 Jahre alt war, fand ich mich nach einem missglückten Fluchtversuch in einer Zelle wieder, in der gar nichts mehr war – kein Mensch, kein Buch, kein Blick nach draußen, keine Uhr, kein Stift, kein Blatt Papier. Statt einer Toilette nur noch ein Blechkübel … Und keine Klinke mehr. So ging es wohl einigen Hunderttausenden, die zuvor in einem DDR-Gefängnis saßen. Dagegen war jetzt auch der strengste Lockdown der blanke Luxus. Und als man sah, wie die Flüsse plötzlich sauberer wurden, machte sich gar ein gutes Gefühl breit.

Irgendwann eröffnete ein jüdischer Fotograf eine Ausstellung, ohne physische Zuschauer. Zu sehen waren die Portraits jener Menschen, die am Jom-Kippur-Tag in der Synagoge in Halle saßen, als ein Rechtsextremer versuchte, die Tür aufzuschießen. Die Zeit vor Corona kam plötzlich massiv in meine Erinnerung.

Noch im Januar 2020 schien die Welt in Ordnung. Bundespräsident Walter Steinmeier traf sich mit Bürgerrechtlern und ausgewählten Schülern, um den 30. Jahrestag der Stürmung der Stasi-Zentrale in Berlin zu begehen.

So kam die Geschichte nach dem Mauerfall wieder hoch. »Du sollst dich erinnern«, heißt mein 11. Gebot. Und ich habe immer wieder guten Grund, ihm zu folgen. Wie begann zum Beispiel das Jahr 1990, wie kam es zur Währungsunion und dann vor dreißig Jahren zur deutschen Einheit?

In Berlin waren es Hunderttausende aus Ost und West, die gemeinsam den Jahreswechsel 1989/90 am Brandenburger Tor feierten – dort, wo zuvor noch der Todesstreifen verlief. Doch

geriet der Wahnsinn rasch außer Kontrolle: In schwindel-
erregender Höhe turnten Feiernde auf der Quadriga. Dann
stürzte ein Gerüst ein: 300 Verletzte, ein Toter. Trotz der Tra-
gödie aber ging das Feiern weiter ... War das ein Omen? Auf
den Straßen ging es längst um die Einheit Deutschlands. Über
den Runden Tischen aber schwebte eher die Drohung als die
Verheißung.

Aus dem Osten flohen jetzt Familien mit Koffer und Kind;
die West-Berliner Turnhallen waren voll mit Flüchtlingen. Die
tolle Stimmung des Mauerfalls war irgendwie weg. »Das Beste
an der DDR ist ihr Ende«, befand ich 1990 beschwörend,
doch das sahen etliche Agierende nicht so.

Was aber sollte es anderes geben als eine Vereinigung,
was war die Alternative? Allein der ostdeutsche Verwaltungs-
apparat war 1990 fast hundertprozentig mit Personen besetzt,
die sich durch eine besondere Nähe zum SED-Regime ausgezeichnet hatten. Zudem nutzte die Regierung Modrow
den entstehenden Personalbedarf geschickt, um ein ganzes
Heer zuverlässiger Genossen und Genossinnen auf einer der
zentralsten Drehscheiben einer Gesellschaft zu platzieren:
Mit Auflösung des Ministeriums für Staatssicherheit wurden
hauptamtliche Stasi-Mitarbeiter nicht nur zügig in Schulen,
sondern auch auf Arbeitsämter umgesetzt. Der Schaden, den
sie dem Land nach dem Mauerfall zufügten, ist bis heute nicht
wirklich erfasst. Bei der ersten breiten Überprüfung im Jahr
1995 stellte sich heraus, dass von 38 ostdeutschen Arbeits-
amtsdirektoren 28 stasibelastet waren.

Im Januar 1990 fand der 1. DDR/BRD–Studentenkon-
gress statt – zunächst in Düsseldorf, Mitte Februar dann in
Leipzig. Das Motto: »Wider die Vereinigung – unser Haus
heißt Europa«. Die Studenten aus dem Osten beeindruckte

in Düsseldorf am meisten, dass hier überall Kopierer herumstanden. Ansonsten war die Veranstaltung an Peinlichkeit und Unwissen schwer zu überbieten: Die Ost-Studenten – besonders seit dem Mauerbau ausgewählt nach politischer Bravheit – orientieren sich nicht an den großen Leipziger Demos im Herbst 1989, sondern an einer sowjetisch gestalteten Großdemonstration in Berlin mit dem zweithöchsten Generaloberst der Staatssicherheit Markus Wolf an der Spitze. Die anwesenden West-Studenten wiederum konnten überhaupt nur ihr demokratisches System denken, nicht aber eine Diktatur. So viel Blabla hatte man von Studenten des ausgehenden 20. Jahrhunderts nicht erwartet ...

Doch insgesamt waren sie einander fremd – die Rhein- & Ruhr-Deutschen und die Oder- & Elbe-Deutschen. Ich schrieb im Februar 1990: »Menschen stehen einander gegenüber, die sich kaum kennen und doch gegenseitig beteuern, es solle nun zusammenwachsen, was zusammengehört. Sie besinnen sich darauf, ein Volk zu sein, verweisen auf ihre Verwandtschaft, auf eine fernere, doch gemeinsame Vergangenheit, die gleiche Sprache. Doch schon im Akt des Wiedererkennens spüren sie auch das Fremde, das zwischen ihnen steht.«

Die führenden Genossen gründen GmbHs und schaffen beiseite, worüber sie im Frühjahr 1990 noch die Macht haben. Als klar wird, es werde zur deutschen Einheit kommen, wird DDR-Geld massenhaft nach Moskau umgeschaufelt – das kann man dann Ende Juni prima umrubeln, wenn es zur absehbaren Währungsunion kommt.

Straßen, Plätze und Schulen werden teilweise umbenannt: Der Leipziger Karl-Marx-Platz wird wieder zum Augustusplatz; den Rotstift her für Thälmann-, Pieck- und Leninstraße. Nicht überall natürlich. Dort, wo die Genossen noch an der Macht sind – im neuen Gewand – bleibt alles beim Alten ... Auch die Fluchtwelle Richtung Westen bleibt, und die verschärft das Arbeitskräfteproblem im Osten dramatisch. Und keineswegs alle kriegen im Westen jetzt eine »Buschzulage«, weil man sie loswerden will.

Eine Geschichte habe ich persönlich mitverfolgt, eine signifikante: So wird Prof. Dr. Werner Mendling, ein Wuppertaler Gynäkologe und angesehener Oberarzt, vom Osten aus gebeten, die frei werdende Stelle des Chefarztes in Frankfurt/ Oder zu übernehmen. Der Chefarzt geht in Pension und redet ihm freundlich zu. Also zieht Gynäkologe Mendling voller Pioniergeist mit Frau und Sohn nach Frankfurt/Oder. Die ehemalige Bezirksstadt der DDR war der Standort einer SED-Parteischule, eines Armeesportklubs, einer Zentrale des DDR-Leistungssports und der Bezirksverwaltung der Staatssicherheit. Die Mendlings kaufen ein Siedlungshaus aus der Nachkriegszeit, unterstützen die Kultur der Stadt und sind mit ihren Nachbarn, einem Ingenieursehepaar aus der DDR, schon bald befreundet.

Nein, Chefarzt Prof. Dr. Mendling kehrt nicht den eitlen Wessi heraus. Doch bringt er einen Hauch von Weltläufigkeit an die polnische Grenze. Er zieht einen großen Medizinerkongress an Land, für den sich auch Berlin beworben hat. Ärzte und Wissenschaftler aus aller Welt treffen in Frankfurt/Oder ein, 110 Vorträge sind anberaumt. Das kulturelle Rahmenprogramm dafür stellt das Ehepaar selbst auf die Beine; die Gäste lernen Schloss Neuhardenberg kennen und andere preußische Güter samt zugehöriger Geschichte. Die Ärzte schwärmen sehr nach ihrer Abreise, Mendlings aber stellen ihr kulturelles Rahmenprogramm und damit ihre monatelange Vorarbeit dem Kulturamt der Stadt und dem Tourismusamt zur Verfügung, die selbst nicht viel auf die Beine stellen. Und deren Reaktion? Eine schmallippige Eingangsbestätigung, sonst nichts.

Auch die Nadelstiche der Genossen nehmen zu: Irgendwann muss sich der Chefarzt vor dem obersten Klinikdirektor (der übrigens einige Jahre später als Stasi-Mitarbeiter enttarnt wird), dem Verwaltungschef und der DDR-Justitiarin dafür rechtfertigen, dass er sich über den Ausleihzettel eines Fachbuches mokiert hat, auf dem 1996 noch immer »Staatsbibliothek der DDR« steht …

Ganz schlimm wird es, als die Frau des Arztes ein Buch über ihre Erlebnisse in der Stadt schreibt. Plötzlich kursieren in der Gynäkologischen Klinik anonyme Briefe. Zettel liegen im OP-Saal herum mit Texten wie: »Der Fuchs ist schlau und stellt sich dumm, beim Wessi ist es andersrum.«

Längst spürt der Arzt aus Wuppertal, was DDR bedeutet, wieso fast vier Millionen Bürger aus dieser Zwangswelt geflohen sind. Vielleicht hätten der Arzt und seine Frau standgehalten, doch da ist noch die sozialistische Sippenhaft: Ihr zwölfjähriger Sohn wird plötzlich demonstrativ schlecht benotet. Es häufen sich die Schikanen durch DDR-geprägte Pädagogen. Und als am Schuljahresende den Schülern die neuen Klassenfotos überreicht werden, bekommt ein einziges Kind der Klasse kein Foto – der Sohn des Arztes aus Wuppertal. Den weinenden Jungen im Arm, entscheiden die Eltern: »Schluss – hier können wir nicht bleiben …«

Der Eklat schwappt weit über die Stadtgrenzen. Das ARD-Magazin »Kontraste« sendet einen Beitrag unter dem Titel »Wessi-Mobbing in Frankfurt/Oder«. Nun schreiben mehrere Ärzte aus Brandenburg den Verfemten: »Wir wissen, wie die DDR tickte, wie viel davon noch da ist. Deshalb, liebe Frau

Mendling, lieber Herr Mendling – bitte bleiben Sie bei uns. Wir brauchen Sie – bitte verlassen Sie uns nicht!«

Doch die Familie geht nach Berlin – dort wird Prof. Dr. Werner Mendling über die Jahre zwei Gynäkologische Kliniken als Chefarzt leiten – eine liegt im Osten und eine im Westen. Und beide findet er vonseiten des Personals gleich gut.

Wie lange halten sich Verhaltensmuster einer Diktatur nach derem Zusammenbruch? Welche Erinnerungen gibt es? Und könnte es sein, dass an den Prägungen der Diktatur, auch den eigenen Lebenslügen, selbst dreißig Jahre Demokratie nicht zu rütteln vermögen?

19 Autorinnen und Autoren stellen sich in unserem Buch diesen Fragen. Ost und West mischen sich, und manch einer kannte schon vor dem Mauerfall beide Seiten recht gut: Ein Journalist und Buchautor hat akribisch die Tätigkeit der Treuhandanstalt erforscht – und kommt zu anderen Ergebnissen als die lauten DDR-Fans. Eine bei Leipzig geborene Frau mit dunkler Hautfarbe fühlte sich beim Jubel des Mauerfalls ebenso wenig gemeint wie die West-Berliner Türken. Zwei hochrangige, aus Ost und West stammende Mitgestalter der deutschen Einheit kommen ebenso zu Wort wie zwei aussagekräftige Lehrer. Und wie gingen die einst Vertriebenen mit der Einheit um?

»Den Mauerfall fanden wir toll!«, meint eine Stuttgarter Theaterfrau: »Wir starteten mit den Kirchen im Osten unsere erste Tournee drüben …« Einen berühmten Dichter hatte es zuvor schon von drüben nach Bayern verschlagen – die Literatur fand immer ihren Weg über die Grenze. Die älteste Autorin beschreibt, wie sie sich betrank, als sie 1990 den Blauen Brief erhielt, plötzlich aber noch einmal durchstartete. Der jüngste Autor, 1989 ein Abiturient aus Hessen, der direkt an der innerdeutschen Grenze lebte, sah nur einen Weg, den

Osten zu retten – die Wiedervereinigung und vor allem einen großen Akteur: Helmut Kohl.

Der 17. Juni spielt bei einer Autorin eine Rolle, die Wendehälse, die Angst vor den Russen. Ein anderer sieht sich als Versöhner – hat extra Russisch und auch Polnisch gelernt und fährt oft nach Königsberg.

Ein Pfarrer aus Sachsen-Anhalt wird 1990 Moderator am Runden Tisch. Ein langjähriger Oberbürgermeister schreibt in diesem Buch mit und ein bekannter Liedermacher. Eine Juristin entdeckt das fremde Land DDR und eine Schülerin aus Wuppertal die Vergangenheit ihrer Eltern... Jener Literaturwissenschaftler aus Franken, der 1961 in einem DDR-Gefängnis verschwand, war nur einen Grenzzaun von jener Osteuropa-Expertin entfernt, die im Buch die tschechischen Dissidenten noch einmal vorstellt.

Und alle lässt das Thema nicht los: »Wir sind ein Volk! – Oder?«

Wie viele Ausrufezeichen ... wie viele Fragezeichen.

––––––––––

Freya Klier, geboren 1950 in Dresden. Autorin, Schauspielerin, Theaterregisseurin, Dokumentarfilmerin, Bürgerrechtlerin. 1980 war sie Mitbegründerin der DDR-Friedensbewegung, 1968 erstmalige, 1988 erneute Verhaftung und Ausbürgerung. Ausgezeichnet u. a. mit dem Bundesverdienstkreuz (2012) und dem Franz-Werfel-Menschenrechtspreis (2016). 2020 erhielt Freya Klier den Karl-Wilhelm-Fricke-Hauptpreis der Bundesstiftung Aufarbeitung. Zahlreiche Publikationen.

1. TEIL

DAS AUSATMEN BEGINNT

WO DAS MANUSKRIPT LAG

Reiner Kunze

Ministerium für Staatssicherheit der Deutschen Demokratischen Republik, Akte Nr. X/514/68, Kunze, Reiner ..., Schriftsteller. 17.03.1976: Was ist bekannt über die Aufbewahrung des Manuskriptes?

Unter den feldsteinen lag es
der alten wäschemangel
im ausgedinge der bäuerin
Frieda D. in L.

Sicher vor
    dem falschen brandschutzbeauftragten,
    dem falschen prüfer der erdleitung,
    dem falschen freund

Eingedenk
    der mutter, die, als ich ein kind war,
    nach der *großen wäsche*
    in der mangelstube
    die schweren hölzernen walzen schleppte und,
    beide hände am griff des riesigen eisenrades,
    die mangel
    in bewegung setzte
    für die bewohnbarkeit der welt

Reiner Kunze, Dr. phil. h. c., geboren 1933 in Oelsnitz/Erzgebirge, Bergarbeitersohn. 1951 bis 1955 Studium der Philosophie und Journalistik an der Universität Leipzig. Aus politischen Gründen Abbruch der Universitätslaufbahn, Arbeit als Hilfsschlosser. Seit 1962 freiberuflicher Schriftsteller. 1976 Ausschluss aus dem Schriftstellerverband der DDR, ein Jahr später Übersiedlung in die Bundesrepublik Deutschland. Zahlreiche Auszeichnungen. 2006 Gründung der Reiner und Elisabeth Kunze-Stiftung. Etliche Bücher und Literaturpreise. Reiner Kunzes Lyrik und Prosa wurden bisher in dreißig Sprachen übersetzt.

Sehnsuchtsland Thüringen, Schreckensort Waldheim

Jörg Bernhard Bilke

Vom Marktplatz der Stadt Rodach in Oberfranken, in der ich aufgewachsen bin, führten bis 1945 zwei Straßen nach Thüringen, nach Heldburg und nach Hildburghausen. Während des Kriegs bin ich mit meiner Mutter auf dem Fahrrad mehrmals im Heldburger Unterland unterwegs gewesen. Einmal sind wir auch mit dem Pferdewagen zum Straufhain, einer Burgruine bei Seidingstadt, gefahren. In dieser fröhlichen Runde hätte sich damals, im Sommer 1942, als ich fünf Jahre alt war, niemand vorstellen können, dass solche Reisen drei Jahre später nicht mehr stattfinden würden. Deutschland hatte 1945 den Krieg verloren, Rodach lag nun in der amerikanischen Besatzungszone, der Straufhain in der russischen. Dazwischen wuchs jetzt eine Grenze, die uns fremd war und die mit den Jahren dichter und dichter wurde.

Die beiden Straßen, die von Rodach nach Thüringen führten, endeten nun im Nichts! Auf der Heldburger Straße, wo der Rodacher Stadtwald endete, war ein Schlagbaum errichtet worden. Daneben lagen zwei von Moos überwachsene Grenzsteine, die dem Besucher anzeigten, dass hier das Herzogtum Sachsen-Coburg-Gotha aufhörte und das Herzogtum Sachsen-Meiningen anfing. Auf der Thüringer Seite sah man die Veste Heldburg liegen, eine Nebenburg der Meininger Herzöge. Die Hildburghäuser Straße aber war auf dem letzten Kilometer zur Grenze von Gras, Unkraut und kleinen Sträuchern überwuchert, da sie nicht mehr befahren wurde. Auch hier gab es einen Schlagbaum, wo ich immer hilflos stand und hinüberstarrte nach Adelhausen. Die Leute auf der anderen Seite konnte man jetzt nur noch aus der Ferne beobachten, wie sie aus ihren Häusern traten, die Straße überquerten und in anderen Häusern verschwanden. Rauch stieg aus den Schornsteinen, Hunde bellten irgendwo in den Gehöften, sprechen konnten wir mit den Thüringern nicht mehr. Wenn wir winkten, winkten sie nicht zurück, das war ihnen verboten worden, denn wir waren der »Klassenfeind«, sie dagegen gehörten zur »sozialistischen Staatengemeinschaft«, die von Eisenach bis Wladiwostok am Pazifik reichte.

Nach dem Krieg, als Thüringen nicht mehr erreichbar war, begannen wir uns einzurichten in unserem Rodach, das nunmehr auf drei Seiten von der innerdeutschen Grenze umgeben war, nur die Landstraße und die Zugverbindung nach Coburg waren offen. Die Grenze verwuchs mit unserem Leben, als hätte es sie schon immer gegeben. Ungläubig lauschten wir den Erzählungen der Erwachsenen, dass sie nach Meiningen und Rudolstadt ins Theater gefahren waren. Wann sollte denn das gewesen sein? Für uns dagegen war Rodach die »Stadt im toten Winkel«, wie unser Bürgermeister das nannte. Fuhren wir zufällig nach Nürnberg oder Würzburg, dann merkten wir, dass es jenseits von Rodach ein freieres Leben gab, das nicht von Schlagbäumen verstellt war.

Gewarnt wurden wir Kinder auch davor, in die Grenzwälder zu ziehen. Der Reith, der drei Kilometer von unserem Haus entfernt lag, sollte äußerst gefährlich sein, von dort sollten wir fernbleiben! Dort gebe es nur Russen und Wölfe, und auf neugierige Kinder würde sofort geschossen! Die Erwachsenen, das spürten wir, hatten Angst, wir nicht. Wir stießen vor zur geheimnisumwitterten Waldwiese und darüber hinaus bis zu jenem Zaun, hinter dem Thüringen lag. Wölfe haben wir nicht gesehen, Russen auch nicht.

Manchmal sprachen die Erwachsenen auch über schreckliche Zwischenfälle, leise und verstohlen, weil das nicht für Kinderohren bestimmt war. Da hatte sich, noch vor dem Mauerbau 1961, ein früherer Bewohner des Dorfes Holzhausen in Thüringen, der nach Rodach geflohen war, im Stadtwald erhängt. Vom Waldrand aus hatte er sein Dorf sehen können, zugleich aber hatte er gewusst, dass er nie wieder dorthin zurückkehren konnte. Und ein Rodacher Kommunist, der immer vom DDR-Sozialismus, den er nicht kannte, geschwärmt hatte, war nach 1961 den umgekehrten Weg gegangen und in den »Arbeiter- und Bauernstaat« übergesiedelt, was er bitter bereuen sollte. Berlin-Reisende aus Rodach erzählten, sie hätten ihn Jahre später zufällig in Ostberlin getroffen: Er habe nur noch geweint!

Jahre später, als ich Oberschüler in Coburg war, kam ich doch noch auf die andere Seite der innerdeutschen Grenze. Ich besuchte in den Sommerferien 1954 und 1955 meinen Onkel, der bei Meiningen Landarzt war. Er hatte zwei Söhne, die auch Ärzte werden wollten. Der ältere hatte 1954 gerade Abitur gemacht, durfte aber als Sohn bürgerlicher Eltern an keiner DDR-Universität studieren. Da mein Onkel diese Entscheidung nicht akzeptierte, suchte er mit seinen beiden Söhnen und mir alle sechs DDR-Universitäten wegen des verweigerten Studienplatzes auf – vergeblich! Immerhin machte ich 1954 eine DDR-Rundreise, was ich eigentlich nicht gedurft hätte, denn meine Aufenthaltserlaubnis galt nur für den Landkreis Meiningen. Mit dem jüngeren Sohn fuhr ich 1955 nach Eisenach auf die Wartburg, die ich erst 1990 wieder betreten sollte. Er wurde 1956 als überzeugter Jungsozialist zum Medizinstudium zugelassen und bekam später eine Professur in Dresden.

Im Sommersemester 1958 nahm ich ein Studium der Literaturwissenschaft an der Freien Universität in Berlin-Dahlem auf. Dort waren auch DDR-Studenten immatrikuliert, die entweder als »Republikflüchtlinge« nach West-Berlin gekommen waren oder solche, die noch immer in Ost-Berlin und den Randgebieten der Stadt wohnten und täglich zum Studium nach West-Berlin fuhren. Erstaunlicherweise gab es an der Freien Universität auch Vorlesungen und Seminare über die DDR-Staatsreligion Marxismus-Leninismus, um über das Gesellschaftssystem, von dem West-Berlin umgeben war, aufzuklären.

In den Semesterferien 1959 fuhr ich mit meinem Moped nach Nienburg in Niedersachsen, wo wir, eine Gruppe von Studenten, im Auftrag des Landesmuseums Hannover ein germanisches Gräberfeld aus der Völkerwanderungszeit freilegten. Nach acht Wochen Grabungsarbeit fuhr ich für zehn Tage nach Leipzig, um meine Tante zu besuchen, die als Bibliothekarin an der Deutschen Bücherei arbeitete. Einige Wochen zuvor hatte ich vom Schicksal des Leipziger Schriftstellers Erich Loest erfahren, der wegen »konterrevolutionärer Gruppenbildung« zu siebeneinhalb Jahren Zuchthaus verurteilt worden war. Deshalb wollte ich mir in der Deutschen Bücherei drei seiner frühen Romane ausleihen, bekam sie aber nicht ausgehändigt, da ihr Verfasser »Verbrechen« gegen den sozialistischen Staat begangen habe, wie mir gesagt wurde. Das erzählte ich verärgert meiner Tante, die mir vorschlug, doch einfach seine Ehefrau Annelies Loest aufzusuchen, die in der Oststraße nur zwei Häuser weiter wohnte. An einem verregneten Oktoberabend schlich ich ins übernächste Haus, klingelte im ersten Stock, wurde freundlich empfangen und durfte die drei erbetenen Romane mitnehmen. Von Helmstedt aus, wo mein Moped untergestellt war, fuhr ich dann die Autobahn zurück nach West-Berlin. Die drei Bücher schickte ich im Dezember 1959 von einem Ostberliner Postamt zurück nach Leipzig, mit fingiertem Absender. Ich wollte Annelies Loest Unannehmlichkeiten ersparen. Dass dieser harmlose Besuch der erste Schritt zu meiner Verhaftung 1961 war, hätte ich mir damals nicht vorstellen können.

Im November 1959 zog ich ins Studentendorf Berlin-Schlachtensee. Auch von dort aus fuhr ich jeden Samstagmorgen nach Ost-Berlin, um Bücher zu kaufen. Inzwischen hatte ich auch eine DDR-Studentin kennengelernt, die Philosophie, also Marxismus-Leninismus, studierte und in Leipzig noch Vorlesungen bei Ernst Bloch gehört hatte, bevor er 1957 zwangsemeritiert wurde und die Karl-Marx-Universität nicht mehr betreten durfte. Sie war begeistert von seiner Philosophie und empfahl mir dringend, sein dreibändiges Hauptwerk »Das Prinzip Hoffnung« zu lesen. Über Elisabeth bekam ich auch Beziehungen zu anderen Ost-Berliner Studenten, als sich im Sommersemester 1960 der Würzburger Geschichtsprofessor Rudolf Buchner bei mir meldete. Er komme in einigen Tagen mit seinen Studenten nach Berlin, ob ich ihnen nicht eine Diskussionsrunde mit DDR-Studenten vermitteln könne. Das gelang, wir diskutierten drei Stunden in meinem Zimmer im Studentendorf über Gegenwart und Zukunft beider deutscher Staaten. Die Ost-Berliner kamen noch dreimal, dann verließ ich Berlin und setzte mein Studium im November 1960 in Mainz fort.

Das Studium in der Landeshauptstadt Mainz am Rhein war für mich eine völlig neue Erfahrung! Hier verlief alles ruhiger und überschaubarer als an der Freien Universität. Außerdem gab es hier ein Studienfach »Vergleichende Literaturwissenschaft«, welches es sonst nur noch in Aachen und Tübingen, also in der Französischen Besatzungszone, gab. Dort waren wir im Sommersemester 1961, im Seminar über »Theorie der Literatur«, nur zwölf Studenten. Und es gab die Studentenzeitschrift »nobis«, die älteste in Westdeutschland, wo ich im Juni/Juli 1961 sieben DDR-kritische Artikel veröffentlichte, die von der »Staatssicherheit« in Leipzig als »staatsgefährdende Hetze« eingestuft wurden und mir ein halbes Jahr nach der Veröffentlichung dreieinhalb Jahre Zuchthaus einbrachten. Als ich am 6. September 1961 zur Leipziger Buchmesse einreiste, hätte ich nie geahnt, was mich erwartete. Ich lief ohne jedes Angstgefühl durch Leipzig, besuchte für zwei Stunden den berühmten Literaturprofessor Hans Mayer, war auf der Buchmesse im Hansahaus am Alten Markt, versuchte, Annelies Loest in ihrer Wohnung zu erreichen, die aber nicht anzutreffen war, und notierte mir am Schwarzen Brett in der Universität einen Anschlag, worin zu einer Pflichtvorlesung für alle Studenten über »Die humanitäre Funktion des antifaschistischen Schutzwalls« aufgerufen wurde. Dass das, was ich da tat, das Strafdelikt »Sammlung von Nachrichten« war, erfuhr ich eine Stunde später von Leutnant 3/5 (so meldete er sich am Telefon) der »Staatssicherheit«, der mich am 9. September gegen 11 Uhr auf dem Karl-Marx-Platz hatte festnehmen lassen.

Mit meiner unerwarteten Verhaftung an dem Tag, als ich zu den Ausgräbern nach Nienburg zurückfahren wollte, musste ich alles aufgeben, was mein Leben bisher ausgemacht hatte: meine Eltern und Geschwister, mein Studium in Mainz, meine Freunde. Ich betrat jetzt die mir völlig unbekannte Welt der politischen Gefangenen. Der Offizier, der mich ein Vierteljahr lang verhörte, hieß Rudolf Körner, wie ich 1992 aus den Akten erfahren sollte, und war 32 Jahre alt. Er stammte, wie er mir erzählte, aus der »Arbeiterklasse« und war überzeugt, dass die Geschichte »gesetzmäßig« verlaufe, weshalb jetzt auch in der DDR die »Arbeiter und Bauern« herrschten, die den

»Sozialismus« aufbauten. Mir versuchte er fortwährend irgendwelche »Auftraggeber« oder »Hintermänner« nachzuweisen, die mich dafür bezahlt hätten, DDR-feindliche Artikel zu schreiben. Am 23. Januar 1962 wurde ich als »Westagent« zu dreieinhalb Jahren Zuchthaus verurteilt. Am 12. April kam ich ins Zuchthaus Torgau an der Elbe, wo es 300 Nichtarbeiter gab. Die »Staatssicherheit« hatte nach dem Mauerbau 1961 derart viele »Staatsfeinde« verhaftet, dass die Gefängnisse restlos überfüllt waren und es für Hunderte von Gefangenen keine Arbeit gab. Nach Zwischenstationen in Altenburg und Leipzig traf ich am 2. September 1962 im berüchtigten Zuchthaus Waldheim ein und blieb dort fast zwei Jahre, bis ich 1964 freigekauft wurde. Am nächsten Morgen wurden wir frisch eingelieferten Häftlinge vom Zellenhaus, das wir »die Bremen« nannten, ins Arbeitshaus geführt, das direkt gegenüberlag. Ich arbeitete dann als Kontrolleur im Prüffeld, wir produzierten Kleinmotoren für Küchenmaschinen und Autoheizungen. In unserer karg bemessenen Freizeit lasen wir DDR-Zeitungen oder Literatur aus der Zuchthausbibliothek, die mit deutscher Klassik üppig ausgestattet war. Hinter der »Bremen« lag der Kultursaal, wo wir alle zwei Wochen DEFA-Filme vorgeführt bekamen oder politische Vorträge anhören mussten, die unserer »Umerziehung« dienten.

Am 5. Februar 1964 hatte ich ein langes Gespräch mit zwei hohen Offizieren der »Volkspolizei«, die aus Ost-Berlin angereist waren. Offensichtlich wollten sie erkunden, ob ich »reif« wäre für eine vorzeitige Entlassung. Wie ich Jahrzehnte später erfuhr, hatte sich die DDR-Schriftstellerin Anna Seghers, über die ich später in Mainz meine Dissertation schreiben sollte, für meine Freilassung eingesetzt. Als ich auf die unhygienischen Zustände in den Zellen verwies (kein fließendes Wasser, ein Kübel für unsere Notdurft), wurde mir hämisch verkündet, daran etwas zu ändern, lohnte sich nicht, da bis 1970 ohnehin alle DDR-Bürger »umerzogen« seien und man dann keine Zuchthäuser mehr brauche.

Die Entlassung aus Waldheim kam völlig unerwartet! Am 21. August wurden wir von der »Staatssicherheit« abgeholt und ins Gefängnis nach Berlin-Hohenschönhausen gebracht. Dort belehrten uns Offiziere, dass wir mit Bussen an die »Staatsgrenze West« bei Wartha/Herleshausen gefahren werden würden. Bei Jena hielten wir, und zwei Rechtsanwälte stiegen zu: Dr. Wolfgang Vogel (Ost-Berlin) und Jürgen Stange (West-Berlin). Von denen erfuhren wir dann, dass wir freigekaufte Häftlinge seien. Noch auf DDR-Gebiet stiegen wir in zwei Westbusse mit Hanauer Nummer, die uns ins Schloss Büdesheim in Mittelhessen brachten. Um Mitternacht hielten wir noch einmal auf einer Anhöhe und bekamen eine Tüte mit Milch, Apfelsinen, belegten Brötchen und Zigaretten in die Hand gedrückt. Warmer Nachtwind strich über die Felder: Da standen wir nun: »Staatsfeinde«, der Freiheit entwöhnt, aber voller Zuversicht!

Am nächsten Morgen wurden wir alle befragt und bekamen Westgeld ausbezahlt. Mit einer Taxe ließ ich mich nach Hanau fahren, wo meine Eltern und meine drei Schwestern lebten. Niemand war zu Hause, aber am Gartentor stand unsere Boxerhündin und wedelte vor Freude mit ihrem Stummelschwanz. Ich streichelte ihren Kopf, und sie leckte mir die Hände. Da hätte ich fast geheult! Ich kam mir vor wie Odysseus, der nach zehn Jahren Irrfahrt aus der Ägäis nach Ithaka zurückgekehrt war.

In der Woche nach meiner Heimkehr erhielt meine Mutter einen Brief aus Waldheim, dass nun der neue Besuchstermin fällig wäre. Anscheinend hatten die Genossen in der Verwaltung noch nicht gemerkt, dass ich längst entlassen war. Noch im

September fuhr ich zu den Ausgräbern in Nienburg, die immer noch mit Schaufel und Pinsel »Sachsenforschung« betrieben. Auch in Bonn waren wir Ex-Häftlinge damals zu Gesprächen eingeladen und besuchten den Bundestag. Unvermutet standen die CDU-Politiker Konrad Adenauer und Heinrich Krone vor uns. Als sie von unserem Schicksal erfuhren, gaben sie uns allen die Hand.

Im Mai 1965 nahm ich mein Studium in Mainz wieder auf, merkte aber bald, dass ich mich kaum auf die Vorlesungen konzentrieren konnte, meine Gedanken schweiften ständig ab nach Waldheim. Deshalb wurde ich im Spätsommer 1966 für acht Monate Deutschlehrer in Schweden. Ich lebte in Västergötland und hatte zwei Städte zu betreuen. Die schwedische Sprache lernte ich rasch, schon im Januar 1967 trat ich im Nationaltheater von Oslo auf. Mir wurden Fragen auf Norwegisch gestellt, die ich auf Schwedisch beantwortete.

Die Jahre gingen ins Land. Ich lebte nach meiner Dissertation über Anna Seghers als Chefredakteur in Bonn und erforschte die DDR-Literatur. Wenn ich nach Rodach kam, hörte ich immer neue Fluchtgeschichten. Da waren drei junge Männer aus Hildburghausen in Thüringen, die tranken sich Mut an und zogen ostwärts zur Grenze Richtung Rodach. Sie überwanden den ersten Zaun, fingen an zu singen vor Glück, weil sie meinten, schon »im Westen« angekommen zu sein., stießen verwundert auf den zweiten Zaun, überwanden auch den, erreichten ein Dorf und fragten den Milchfahrer dort im Morgengrauen, ob sie »im Westen« wären. »Ja«, sagte der, »aber wo ihr gesungen habt, da lagen die Minen, die euch hätten zerfetzen können!« Da erfasste sie nachträglich ein furchtbares Entsetzen!

Und dann kam der Tag, auf den ich ein halbes Leben gewartet hatte: der Mauerfall in Berlin am 9. November 1989! Fünf

27

Wochen später, am 17. Dezember, stand ich nach 47 Jahren wieder auf der Heldburg. Die Grenze zwischen Rodach und Bad Colberg war für acht Stunden geöffnet worden. Von dort ließ ich mich von einem Thüringer hinüberfahren in das Landstädtchen Heldburg, über dem ich, nachdem wir den Wald durchquert hatten, im Wintersonnenschein die herrliche Veste aufleuchten sah. Mein Herz schlug vor Erwartung, als ich den Festungsberg hinaufschritt und das Tor erreichte, das von der schönen Schlossverwalterin Birgit gerade geöffnet wurde. Sie führte mich durch die Veste, zeigte mir vom Hexenturm die Dörfer ringsum, die ich alle dem Namen nach kannte. Mir war, als wäre ich heimgekehrt. Im Jahr 1990 bin ich jedes zweite Wochenende nach Thüringen gefahren und habe das Land durchstreift, das wieder zugänglich war. Am 17. Juni 1990, damals noch ein Feiertag, stand ich wieder auf der Wartburg!

Jörg Bernhard Bilke, geboren 1937 in Berlin, aufgewachsen in Rodach bei Coburg. Nach dem Studium der Literaturwissenschaft in West-Berlin und Mainz am 9. September 1961 auf der Leipziger Buchmesse wegen DDR-kritischer Artikel verhaftet. Am 23. Januar 1962 vom Bezirksgericht Leipzig wegen »staatsgefährdender Hetze« zu dreieinhalb Jahren Zuchthaus verurteilt. Am 25. August 1964 freigekauft, Fortsetzung des Studiums 1965/66, Deutschlehrer in Schweden 1966/67, Dozent für DDR-Literatur in Bloomington/Indiana 1972/73, Promotion über Anna Seghers 1977. Chefredakteur der »Kulturpolitischen Korrespondenz« in Bonn 1983/2000.

Woher kam der Mut?

Heidi Bohley

Als nach dem rebellischen »Wir sind das Volk« der Ruf »Wir sind ein Volk« erschallte, war die rote Diktatur zu Fall gebracht, die Revolution war gelungen, die Grenzen offen. Ich verstand nicht, warum dieser zweite Ruf so polarisierend wirkte.

Geboren 1950 in Görlitz, war ich von Menschen umgeben, für die sich die Frage, ob die Deutschen in Ost und West EIN Volk seien, gar nicht stellte. In welcher der Besatzungszonen die entwurzelte Menschenfracht aus dem deutschen Osten abgeladen worden war, darauf hatte sie keinen Einfluss gehabt. Wer Pech hatte, landete in der sowjetischen Besatzungszone: meine Eltern in Görlitz, der Rest der Familie in Braunschweig, Bielefeld und Grevenbroich – magische Namen für mich, weil von dort die »Westpakete« kamen. 1954 und 1957 war ich sogar mal »im Westen« zu Besuch. Nach dem Mauerbau kamen die Verwandten zu runden Geburtstagen, Silberhochzeiten und Beerdigungen zu uns in den Osten. Beim Abschied weinten die Erwachsenen.

Für meine Generation kamen die tränenreichen Abschiede in den 1970er- und 1980er-Jahren: Ausreiseanträge, Laufzettel, Ausreise binnen 24 Stunden, missglückte Fluchtversuche, Hausdurchsuchungen, Häftlingsfreikauf, Familienzusammenführung, Abschiede auf Nimmerwiedersehen, beschlagnahmte Briefe, abgelehnte Einreiseanträge, abgehörte Telefonate.

Anfangs gab es noch Treffen in der Tschechoslowakei, aber ab 1985 hatte ich auch nach dort Ausreiseverbot. Trotz angeblich visafreiem Reiseverkehr ins sozialistische Bruderland wurde ich an der Grenze ohne Begründung aus dem Zug geholt. Obwohl die Großeltern meiner Tochter in Prag lebten, wir also keine Touristen waren, blieben alle Beschwerden unbeantwortet. Auslöser dieser »Maßnahme« war vermutlich mein Besuch bei Vaclav Havel, dem mehrfach inhaftierten Dichter und – damals noch unvorstellbar – späteren Präsidenten eines freien Landes.

Das Jahr 1989 brachte für mich eine fundamentale Veränderung: Die Angst war plötzlich weg!

Die Angst, ein Tagebuch zu führen, weil die Stasi es finden und bei Verhören für psychologische Repression nutzen könnte. Die Angst, eine Zellentür könnte hinter mir zufallen. Das blieb mir zwar erspart, aber anderen geschah es. Ich kannte die Berichte. Angst vor der Ohnmacht, dem Ausgeliefertsein.

Solange ich denken konnte, war die Angst mein Begleiter gewesen, den es zu überlisten galt.

Meine früheste Kindheitserinnerung: Ich im Kinderbett, meine Mutter in Panik und der Raum voller fremder Männer – eine Hausdurchsuchung. Mein Vater hatte am 17. Juni 1953 Fotos vom Volksaufstand in Görlitz gemacht. Nun hatten sie ihn abgeführt und suchten die Filme. Er hatte Glück. Sie fanden nichts, und er konnte nach ein paar Tagen und Nächten den Stasi-Keller wieder verlassen. Von da an wusste ich: Wo wir sind, sind wir nicht sicher.

»Damals, als wir noch zu Hause waren«, hieß es auf der Friedenshöhe, einem kleinen Park, wo man bei klarem Wetter über die Neiße hinweg das meinen Eltern vertraute Isergebirge sehen konnte. Beängstigend für ein Kind: Wo sind wir, wenn dort drüben unerreichbar »zu Hause« ist?

Für meine Eltern war die evangelische Kirche das einzige Stück Heimat, das ihnen geblieben war, und so kam für mich die sozialistische Jugendweihe nicht infrage. 1964 wurde ich mit der scheinbar unabänderlichen Konsequenz konfirmiert, dass mir Oberschule, Abitur und Studium trotz noch so guter Zensuren verschlossen bleiben würden. Doch dann passierte etwas Unerwartetes: Ein neuer Geschichtslehrer kam an unsere Schule. Man munkelte, er sei strafversetzt. Er fragte mich in einer Pause, warum ich mich nicht für einen Platz an der EOS (Erweiterten Oberschule) beworben habe? Na, weil ich ohne Jugendweihe keine Chancen hätte. Das ließ er nicht gelten. Was ICH denn wolle? Ich war baff. Nie war mir in grundsätzlichen Angelegenheiten diese Frage gestellt worden. Alles war festgelegt und vorgezeichnet. Was ich wollte? Klar wollte ich gern zur EOS, das Lernen fiel mir leicht, aber die Antragsfrist sei doch schon verstrichen … Das solle nicht meine Sorge sein, er würde sich darum kümmern. Keine Ahnung, wie er das gedeichselt hat. 1969 machte ich das Abitur und bestand die Aufnahmeprüfung an der Kunsthochschule Burg Giebichenstein in Halle.

Halle war überraschend. Ich hatte angenommen, die ganze DDR sei geistig so eng wie die Görlitzer Schule, aber hier fand ich viele interessante junge Leute, die sich eigene Gedanken machten. Einige hatten im Sommer 1968 persönlich miterlebt, wie die großartige Flower Power des Prager Frühlings mit Bob-Dylan-Songs spielenden jungen Tschechen auf der Karlsbrücke von sowjetischen Panzern niedergewalzt wurde. Andere Kommilitonen hatten als NVA-Soldaten erlebt, wie sie abgeschnitten von allen Informationen in Wäldern nahe der tschechoslowakischen Grenze auf den Einmarsch vorbereitet wurden. Zu ihrem Glück verzichtete die kommunistische Führung der Roten Armee dann doch auf die Teilnahme deutscher Soldaten. Hätten unsere Jungs auf Tschechen geschossen? Sie waren sich da nicht sicher.

Wir hatten also großen Diskussionsbedarf und trafen uns regelmäßig. Anders als in vielen osteuropäischen Staaten hatten wir leider keine »Wohnzimmeruniversitäten«, wo geschasste Hochschullehrer den jungen Leuten das Wissen vermittelten, dass ihnen die Schule vorenthielt. Bei uns waren diese Menschen mitsamt ihren Kindern größtenteils bereits vor dem Mauerbau in den Westen geflüchtet. Es fühlte sich an, als müssten wir ohne erwachsene Unterstützung in unserem eingezäunten Sandkasten zurechtkommen.

Da die Hochschule nur ein Behelfsinternat hatte und für die Studenten nicht ausreichend Kohle bereitstellen konnte, wurde nach und nach das Treppengeländer verheizt. Einige suchten sich private Unterkünfte in den zum Abriss vorgesehenen Häusern der Altstadt. Hier waren die sanitären Verhältnisse katastrophal, aber man war weniger kontrolliert und konnte sich aussuchen, mit wem man die Wohnung teilte. Das waren keine Hausbesetzungen im westlichen Sinn, denn es war klar, dass wir im Abrissfall gehen mussten und keinen Anspruch auf neuen Wohnraum hatten. Aber wir lebten, feierten, diskutierten und liebten. In meinem Haus, Halle, Steg 18, wurden in den Jahren 1971 bis 1973 Achim, Daniel und meine Tochter Marí geboren.

Wir hörten Musik, lasen viel – Böll, Mitscherlich, Neills »Summerhill«, Kerouac, Salinger, Wolfgang Leonhards »Die Revolution entlässt ihre Kinder«, Solschenizyns »Ein Tag im Leben des Iwan Denissowitsch«. Einige vertieften sich auch in anarchistische Literatur und ließen die anderen an ihren Erkenntnissen teilhaben. Die DDR-Wirklichkeit wurde kritisch diskutiert, doch niemand plante gewaltsame Aktionen, geschweige denn einen »Staatsstreich«. Noch hofften wir auf einen »Sozialismus mit menschlichem Antlitz« à la Prag 68.

Wir fühlten uns den aufbegehrenden Studenten im Westen verbunden, beneideten sie um Woodstock und die Freiheit, demonstrieren zu können, verstanden allerdings nicht, wieso sie ausgerechnet Diktator Mao zum Idol erhoben.

Um unsere Kinder nicht in eine staatliche, straff organisierte Krippe geben zu müssen, organisierten wir die Selbstbetreuung in einer Hinterhauswohnung des Abrissviertels Fleischerstraße.

Das alles endete abrupt im Herbst 1973. Kurz nach den Berliner »Weltfestspielen« wurden zwei Jungs aus unserem Kreis verhaftet. Ein 18-jähriger Oberschüler und der 23-jährige Christoph Prüfer, Vater von zwei Kindern, in dessen Wohnung wir uns meist getroffen hatten. Unter Ausschluss der Öffentlichkeit wurde er zu fünf Jahren Haft wegen staatsfeindlicher Gruppenbildung verurteilt.

Die hallesche Szene diskutierte nun weniger und feierte mehr – ein gutes Mittel gegen Angst und für die Verteidigung persönlicher Freiheit.

1976 gab es nach der Biermann-Ausbürgerung auch in Halle Losungen an Hauswänden. Nach der Festnahme des Schriftstellers Jürgen Fuchs, der Musiker Gerulf Pannach, Christian Kunert und vieler Unbekannter fanden am 23. Dezember etwa 500 Hallenser ein Flugblatt in ihrem Briefkasten, gedruckt mit Gummistempeln aus einem Kinderspielkasten:

»Bürger von Halle – Bitte bedenkt, dass (…) Bürger dieses Staates, weil sie öffentlich und ehrlich ihre Meinung zu Problemen, die uns alle angehen, gesagt haben, in Gefängnissen sitzen (…) macht euch nicht durch euer Schweigen zu Mitschuldigen (…)«

Am Heiligabend begann das MfS mit »Zuführungen« zwecks »Alibiüberprüfung«, nahm Fingerabdrücke, Schrift-

und Geruchsproben und perfektionierte seine offenbar bereits vorbereiteten Schwarzen Listen. Bis Mitte 1977 wurden ca. 10 000 Personen kontaktiert. Erst im September 1987 erklärte die Staatsanwaltschaft Halle die endgültige Einstellung der Strafverfolgung.

Die Urheber, zwei Brüder und zwei mit ihnen befreundete Krankenschwestern, konnten nicht ermittelt werden. Mit der beteiligten 24-jährigen Brigitte K. war als Alibi abgesprochen, dass sie zur Zeit der Flugblattverteilung in unserer Wohnung auf einer Kindergeburtstagsfeier gewesen sei. Wir wurden zwar nie danach gefragt, trotzdem blieb immer die untergründige Angst um Familie und Freunde.

Woher kam dann aber mein Mut, trotzdem öffentlich aufzubegehren?

Rückblickend ist es die Empörung und die Unerschrockenheit einzelner Menschen, die mir imponierte und die ich (wenn der eigene Mut nicht reichte) wenigstens unterstützen konnte. Denn es stimmt ja nicht, dass man gar keine Wahl hatte und alles mitmachen musste.

Meine Schwägerin Bärbel Bohley war einer der Menschen, denen ich den Mut zum Mut verdankte. Als 1982 ein neues Wehrdienstgesetz verkündet wurde, nach dem auch Frauen zur NVA gemustert werden konnten, schickte sie einen Protestbrief an den Staatsrat der DDR und forderte auch mich auf, dies zu tun. Nach den Erfahrungen von 1973 hätte ich mich zwar lieber gedrückt, aber nach einer schlaflosen Nacht besiegte ich die Feigheit und schrieb ebenfalls einen Protestbrief. Es folgte dann ein gemeinsamer Protestbrief von ca. 150 Frauen. Allein in Halle unterschrieben fünfzig Frauen mit Namen und Adresse.

Nun hatten wir natürlich die Stasi am Hals, mit allem Drum und Dran wie Wanzen, konspirativen Hausdurchsuchungen und »Zersetzungsmaßnahmen«, rückten aber zusammen und machten uns gegenseitig Mut. Vergeblich suchte die Stasi nach den »Rädelsführern«. In ihrer Welt von Befehl und Gehorsam war es wohl unvorstellbar, dass Frauen aus eigenem Antrieb handelten. Zwar konnten wir das Wehrdienstgesetz nicht zu Fall bringen, machten aber die überraschende und befreiende Erfahrung weiblicher Solidarität. In der ganzen DDR gab es plötzlich Gruppen der »Frauen für den Frieden«. Die hallesche Gruppe nahm im Laufe der Zeit immer mehr den Charakter eines Freundeskreises an. Wir trafen uns regelmäßig und wussten, dass wir uns im Fall der Fälle aufeinander verlassen konnten.

Mut machend waren für mich auch persönliche Begegnungen mit Robert Havemann, der Honecker noch aus dem Brandenburger Knast kannte, oder mit Petra Kelly, die nach einem offiziellen Besuch bei Honecker anschließend in einer Berliner Wohnung ihre Eindrücke schilderte. Das war eine wohltuende Entzauberung der Macht. Theoretisch wusste ich natürlich, dass der »Kaiser nackt« war und die Stasi-Leute, die da an ihren mickrigen Schreibmaschinen saßen und in unsere Privatsphäre glotzten, bedauernswerte Würstchen waren – aber sie blieben unsichtbar und hatten dadurch die Macht, lähmende Kindheitsängste zu mobilisieren.

Menschen, die sich nicht einschüchtern lassen, wirken ansteckend und je weiter ich mich vorwagte, desto schwächer wurde auch meine Angst und es erwies sich als richtig, was Vaclav Havel prophezeite: Auch wenn du an den äußeren Umständen erst mal nichts ändern kannst, die Weigerung, an der Unterdrückung teilzunehmen, wird DICH verändern und dich frei machen.

Havels 1980 als rororo-Band erschienener »Versuch, in der Wahrheit zu leben. Von der Macht der Ohnmächtigen« kursierte unter uns als schon bald zerschlissenes Exemplar und be-stärkte uns in der Hoffnung, etwas Sinnvolles zu tun, denn be-sonders spektakulär war es ja nicht, was wir taten.

All die Protestbriefe, Mahnwachen für Inhaftierte oder »Klagegottesdienste« mit offenem Mikro für alle waren von heute aus betrachtet nichts Besonderes. Besonders war daran nur, dass wir es in der DDR taten, wo man nie wissen konnte, wie weit die darauffolgenden Repressionen gehen würden, all die Gummiparagrafen waren ja noch in Kraft. Doch was 1973 noch zu einer Verurteilung wegen staatsfeindlicher Gruppen-bildung führte, kam in den 1980er-Jahren kaum noch vor Gericht. Zu vielfältig waren inzwischen die Gruppen, aber sicher konnte man sich da nicht sein.

Und dann war da noch die Sorge um unsere Kinder, die zu »sozialistischen Persönlichkeiten« erzogen werden sollten, mit »Wehrbereitschaft« und »Hass auf den Klassenfeind«. Erziehungsziel war ja, was in Osteuropa der »Homo Sovieti-cus« genannt wurde – ein Mensch, der nur noch danach fragt, was von ihm erwartet wird, nicht mehr danach, ob etwas rich-tig oder falsch, gut oder schlecht ist.

Wer zu dieser Unterwerfung bereit war, hatte ein ruhiges Le-ben. Darum fallen heute die Lebenserinnerungen auch sehr un-terschiedlich aus. Zur gewaltsamen Trennung der Deutschen in Ost und West gesellte sich in vielerlei Graustufen die unsicht-bare Mauer zwischen Mitmachern und Unangepassten. Wem kannst du trauen und vor wem nimmst du dich besser in Acht? Misstrauen durchzog die Gesellschaft. Vielleicht liegt hier eine Ursache für die heute zu beobachtende fatale Unfähigkeit, Mei-nungsverschiedenheiten so auszutragen, dass die Kontrahen-ten nicht notwendigerweise als Feinde auseinandergehen? Aller-dings betrifft das ja auch die westdeutsch Sozialisierten.

Öffentlichkeit bot Schutz vor Verfolgung – weit gestreute Information vor allem an die Westpresse, was in den 1980ern über persönliche Kontakte nach Berlin und den dort akkreditierten Journalisten schnell zu bewerkstelligen war. Rechtsanwalt Wolfgang Schnur, der Evangelischen Kirche nahestehend, der viele politische Gefangene vor Gericht vertrat, warnte eindringlich vor Öffentlichkeit und Solidaritätsaktionen, das würde seinen Klienten schwer schaden, und wer wollte das schon. Aber bald setzte sich die Erkenntnis durch, dass man besser nicht auf ihn hörte und das Gegenteil richtig war – kein Wunder: Schnur war dem MfS als IM »Torsten« und »Dr. Ralf Schirmer« zu Diensten.

Und dann kam der wunderbare Herbst 1989. Für unverrückbar Gehaltenes stürzte zusammen: »Die schlimmen Jahre der Aus- und Eingrenzung sind vorbei. Nun atmen wir wieder«, sagte Jürgen Fuchs (dem 1976 die halleschen Flugblätter gegolten hatten) am 1. Dezember 1989 in Leipzig.

Die hallesche Frauengruppe war für alles Kommende gut gerüstet: Wir hatten die freie Rede gelernt, ein feines Gespür für Glaubwürdigkeit und Skepsis gegen Phrasen entwickelt. Dass Schuhe, nach denen sich ein Frierender sehnt, auch mal drücken können, wussten wir. Unser Motto »Es gibt keinen Weg. Der Weg kommt beim Gehen« galt auch weiterhin, doch nun im Schutz einer Demokratie.

Heidi Bohley, geboren 1950 in Görlitz, Studium und Leben in Halle, 1982 Gründung »Frauen für den Frieden«, 1984 Rauswurf aus Universitätsbibliothek (1995 rehabilitiert), Gelegenheitsjobs bis 1989, ab 1985 Reiseverbot nach Osteuropa, Initiative Frieden und Menschenrechte, Neues Forum, 1990 Redakteurin der Neugründung DAZ (Die Andere Zeitung Leipzig) bis zu deren Konkurs, arbeitslos, ABM, 1990 bis 2000 Stadtratsmandat Neues Forum, 1995 Gründung des »Zeit-Geschichte(n) – Verein für erlebte Geschichte«, ab 1999 Projektleiterin für zeitgeschichtliche Themen und Opferberatung, lebt heute in Dresden.

Vier Jahre Angst –
ein Erfahrungsbericht

Andreas Dürr

Im September 1983 begann mein beruflicher Werdegang als Lehrer. Ich bin es heute noch, und ich bin gern Lehrer. Ich mag Kinder, junge Menschen. An ihnen kann ich mich immer wieder erfreuen, an ihrer Jugend, an ihrer Unbekümmertheit, ihrer Lebensfreude. Dies in unmittelbarer Nähe täglich erleben zu können, in mich aufsaugen zu können ist ein Teil meines Berufes. Und diese jungen Menschen bei ihrer Entwicklung zu klugen, sozial starken und toleranten Persönlichkeiten zu unterstützen war schon immer mein Hauptanliegen in diesem Beruf.

Begonnen hat mein Lehrerdasein in einer kleinen Dorfschule in Minsleben, Kreis Wernigerode in der DDR. Das Studium, das ich von 1979 bis 1983 an der Karl-Marx-Universität Leipzig absolvierte, war von der Immatrikulation bis zum Titel »Diplomlehrer für Mathematik und Physik« schulmäßig durchorganisiert und verlief ohne nennenswerte Probleme. Als Kind einer sogenannten »kinderreichen« Familie – mit sechs Kindern, der Vater war Arbeiter – hatte ich gute Voraussetzungen im Arbeiter- und Bauernstaat. Nämlich bei entsprechend guten Leistungen eine schulische Ausbildung und sogar ein Studium ermöglicht zu bekommen, wie das im Kapitalismus des Westens für mich nie erreichbar gewesen wäre. So wurde dies zumindest meinen Eltern und der Gesellschaft immer wieder erzählt.

Ich hatte mich nach zwölf Schuljahren im Sozialismus mit dieser Gesellschaftsordnung insoweit arrangiert, dass ich genau wusste, was ich denken konnte und was ich wann und wo sagen durfte. Mit einer, wie ich inzwischen glaube, für mich schizophrenen Denkweise konnte man gut durch diese Gesellschaft kommen, das hatte ich gelernt, verinnerlicht. Zumindest nahm ich an, dass ich so leben könnte.

Dass diese DDR mit Demokratie wenig zu tun hatte, wurde mir während meiner schulischen Ausbildung in der EOS (Erweiterte Oberschule) bewusst. Ich besuchte von der 9. bis zur 12. Klasse den Spezialzweig für Musikerziehung der Gerhart-Hauptmann-Schule in Wernigerode. Die Schüler und Schülerinnen der Musikklassen des Spezialzweigs wohnten in einem Internat, da sie aus der gesamten DDR kamen. Im Internat diskutierten wir im kleinen Kreis mit Freunden sehr intensiv und sehr kritisch über die Politik der DDR. Die sozialistische Hetzpropaganda konnte mich inzwischen nicht mehr erreichen. In meinem Innern war die SED verlogen, opportunistisch und sehr gefährlich.

Nach dem Abitur, das ich 1977 absolvierte, hatten die männlichen Abiturienten ihr Bekenntnis zur DDR und ihre Dankbarkeit dem Staat gegenüber unter anderem dadurch zu zeigen, dass sie sich für mindestens drei Jahre Dienst in der Nationalen Volksarmee (NVA) verpflichteten. Unser Schuldirektor sagte: »Meine Herren, wer sich nicht für drei oder mehr Jahre verpflichtet, braucht sich keine Hoffnung auf einen Studienplatz zu machen. Den melden wir erst gar nicht an!«

Ich hatte mich für drei Jahre verpflichtet und erhielt direkt nach dem Abitur einen Studienplatz an der Martin-Luther-Universität Halle. Nachdem ich die Schule verlassen hatte, habe ich meine Verpflichtung zurückgezogen und wurde sofort exmatrikuliert. 18 Monate Grundwehrdienst in der NVA – eine meiner schlimmsten Zeiten in meinem Leben. Besonders schwer war es, dass man durch den Wunsch, studieren zu wollen, durch die Vorgesetzten erpressbar war, drangsaliert und erniedrigt wurde.

Nach dieser Zeit schrieb ich mich an der Karl-Marx-Universität Leipzig ein. Ich wollte Lehrer für die Fächer Mathematik und Physik werden, denn ich dachte, mit diesen Fächern lasse sich das politisch irgendwie arrangieren. Vier Jahre Studium folgten.

Mit viel Enthusiasmus ging ich an den Berufsstart. Ich hatte eine 8. Klasse als Klassenlehrer. Das Kollegium war sozialistisch angepasst. Der Schulleiter gehörte als Sportfunktionär zu den Auserwählten, zu den DDR-Bürgern, die in das westliche Ausland reisen durften, er konnte die Olympischen Winterspiele in Sarajevo 1984 besuchen.

Als »Junglehrer« und Berufseinsteiger wurde man in der DDR von sogenannten Fachbereichsleitern im Unterricht besucht. Mal angekündigte, aber auch unangekündigte Unterrichtsbesuche erfolgten. Bei der Auswertung wurde ich immer wieder angewiesen, dass ich mehr Aufgaben einzubeziehen hätte, die z. B. aus dem militärischen Bereich der NVA stammen.

Dem Freien Deutschen Gewerkschaftsbund (FDGB) trat ich nie bei. Diese sogenannte Gewerkschaft war aus meiner Sicht ein Handlanger der SED, die sich keineswegs für Arbeiterrechte einsetzte. Auch der Gesellschaft für Deutsch-Sowjetische Freundschaft (DSF) kündigte ich meine Mitgliedschaft. An sich sollten alle DDR-Bürger in dieser Organisation sein – das war ein Bekenntnis. Doch wie verlogen war das! Die allermeisten Menschen hatten den sowjetischen Militärapparat, der in der DDR immer noch sehr präsent war, gehasst, und zu anderen Sowjetbürgern gab es, durchaus staatlich gelenkt, keine Kontakte. Bei meiner Einstellung in den Schuldienst wurde diese Nichtmitgliedschaft nicht bemerkt, und im Stillen konnte ich mich darüber amüsieren.

Aber im Jahrgang 8 sollten alle Schüler in die DSF eintreten. Was nun – ich war schließlich Klassenlehrer einer 8. Klasse? Ich erklärte meinen Schülern, dass die Mitgliedschaft freiwillig sei, prompt ging nur die Hälfte meiner Klasse in diese Organisation. Auch hier hat es fast ein Jahr gedauert, bis dies bemerkt wurde. Die Reaktion des Schulleiters war dann allerdings heftig.

In dieser Zeit wurde ein neues Unterrichtsfach eingeführt. Es hieß »Wehrkundeunterricht« und wurde von einem Mitarbeiter des Wehrkreiskommandos durchgeführt. Gleichzeitig setzten diese Leute die Klassenlehrer immer wieder unter Druck, dass sie für die Werbung der Jungen aus der ihnen anvertrauten Klasse für einen längeren Dienst in der NVA verantwortlich seien. Ich lehnte dies ab und wurde daraufhin zu einem Gespräch mit dem Kreisschulrat bestellt. Er verdeutlichte mir, dass mein beruflicher Werdegang in besonderem Maße von der Erfüllung dieser Forderung abhängt.

Im Juni 1985 musste ich als Reserveoffizier an einer Mobilmachungsübung der NVA teilnehmen. Reserveoffizier war ich geworden, weil alle Studenten während ihres Studiums zu einer sechswöchigen Militärausbildung verpflichtet wurden. Der sozialistische Staat ermöglichte ein kostenloses Studium, verlangte dann aber Gegenleistungen auf anderen Ebenen. Dem konnte man sich nicht entziehen, und somit wurde ich vom Gefreiten zum Reserveoffizier der Artillerie.

Mein erster und einziger Einsatz als Offizier war diese Mobilmachungsübung. In einer Nacht wurden über 5000 Zivilisten eingezogen und hatten dann eine militärische Übung durchzuführen, bei der auch mit scharfer Munition geschossen wurde. Ich war verantwortlich für eine Geschützstaffel. Mein wichtigstes Ziel war, dass alle meine Soldaten gesund wieder nach Hause kommen sollten. Ich musste allerdings erleben, wie bei dieser Übung Menschenrechte mit Füßen getreten wurden. Wenn sich jemand gegen unzumutbare Zustände auflehnte, wurde sofort ein Militärgericht einbezogen und derjenige abgeurteilt. Ich war schockiert und hätte nie gedacht, dass so mit Menschen umgegangen werden kann.

Dieses Erlebnis ließ meinen Entschluss endgültig reifen: Ich musste etwas an meiner Lebenssituation ändern. Mir war jetzt ganz klar geworden, dass der Lehrerberuf ein politischer Beruf ist und jeder Lehrer, jede Lehrerin sich in einer Diktatur zum Handlanger der Diktatoren macht. Keiner kann sich dem entziehen!

Mein Entschluss stand fest: Ich muss dieses Land verlassen, wenn ich mich nicht selbst an Kindern und Jugendlichen schuldig machen wollte. Erich Honecker hat die KSZE-Akte unterschrieben. Dort steht sinngemäß: »Jeder Mensch hat das Recht, in einem Land seiner Wahl zu leben.« Daher war die Antragstellung auf ständige Ausreise aus der DDR zunächst einmal nicht strafbar. Dass solch eine Antragstellung Konsequenzen nach sich zieht, war mir allerdings sehr bewusst. Besonders die Angst vor einer möglichen Inhaftierung bestimmte nun über vier Jahre mein Leben.

Mit Beginn des neuen Schuljahres im September 1985 stellte ich den Antrag auf ständige Ausreise aus der DDR. Sofort wurde ich vom Dienst suspendiert und musste auf der Stelle die Schule verlassen. Ich erhielt Berufsverbot, ohne dass es je so bezeichnet wurde, denn Berufsverbot gab es ja nur im Westen, nämlich gegen Kommunisten.

Einen Tag nach meinem Rausschmiss aus der Schule mussten alle Schüler und Lehrer im Schulhof antreten, und ich wurde öffentlich vom Schulleiter als Verräter an der DDR und am Sozialismus bezeichnet. Jeglicher Kontakt zu mir hatte bei Strafe zu unterbleiben.

Die Abteilung Volksbildung des Kreises Wernigerode musste nun die Frage klären: Wie und wo sollte sie mich beschäftigen? Mich einfach zu Hause lassen? Das ging nicht. Also musste ich mich beim Leiter der »Station junger Naturforscher und Techniker« melden. Diese Einrichtung bot freiwillige Nachmittagsveranstaltungen für Schüler an, die dort Arbeitsgemeinschaften verschiedenster naturwissenschaftlicher Gebiete besuchen konnten und durch Lehrer betreut wurden. Man unterstellte mich aber dem Hausmeister, der die mir zugedachten Tätigkeiten anwies. Er war neben dem Leiter der Einzige, der mit mir sprechen durfte. Wenn nachmittags die Schulkinder in die Station kamen, durfte ich die ihnen zugänglichen Räume nicht mehr betreten und keinerlei Kontakt zu ihnen und den Lehrern aufnehmen. Ich wurde mit Tätigkeiten außerhalb des Gebäudes bzw. in einer Werkstatt im Keller beauftragt. Man ließ mich für einen Anbau ein Fundament mit Spitzhacke und Spaten ausschachten. Als ich nach 14 Tagen fertig war, sagte der Hausmeister, er hätte sich vermessen, und ich musste den größten Teil noch einmal neu ausschachten. Es war manchmal unerträglich in diesem Spannungsfeld zwischen »Ich könnte ausrasten!« und »Nein, bleibe ganz ruhig, du hast ein Ziel!«. – Später erhielt ich den Auftrag, für das Fach Werken der Klassen 4 bis 6 in Heimarbeit Unterrichtshilfen auszuarbeiten. Ich hatte zwar nie dieses Fach unterrichtet, das spielte aber auch keine Rolle. Wichtiger war, dass ich somit beruflich ins Abseits gedrängt werden konnte.

In dieser Zeit fand auch im privaten Bereich eine Isolation statt. Bekannte und Freunde wollten oder durften nichts mehr mit mir zu tun haben. Sie alle hatten Angst, selbst Repressalien unterzogen zu werden. Ich konnte dies verstehen, war aber dennoch enttäuscht, wenn sie sich so klammheimlich von mir abwandten. Es gab nur wenige, die mich ansprachen und um Verständnis baten.

Mein Leben als Antragsteller auf ständige Ausreise aus der DDR war permanent geprägt von der Angst, inhaftiert zu werden. Ich wurde regelmäßig zur Polizei, Abteilung Inneres, vorgeladen. Dann bekam ich gesagt, dass der Antrag abgelehnt ist und keinerlei Chance auf Ausreise besteht. Es folgte die Frage, ob ich nicht doch lieber den Antrag zurückziehen wolle, noch wäre es nicht zu spät. Dabei wurde immer wieder betont, dass sich der Sozialismus so ein Verhalten nicht gefallen lassen würde.

In dieser Situation war es besonders wichtig, zwei Dinge zu beachten. Erstens: keinerlei Kontaktaufnahme außerhalb engster privater Beziehungen zu Menschen in der »BRD«! Und zweitens: Es musste nachgewiesen werden, wie und womit man seinen Lebensunterhalt verdient.

Im Kreis Wernigerode hatte sich schnell herumgesprochen, dass es einen Lehrer gibt, der einen Ausreiseantrag gestellt hat und nun Arbeit sucht. Und es sprach sich in den Betrieben herum, dass er eine Arbeit nachweisen muss. Den Verantwortlichen dort war klar, wer da kommt, und sie boten mir nur Hilfsarbeitertätigkeiten in den verschiedensten

Betrieben an. Das entsprach einem klaren Verfassungsbruch! Ich bekam natürlich keine Tätigkeit, die meiner Hochschulausbildung entsprach.

Ich begann dann als pflegerische Hilfskraft im Dreischichtsystem. Die Stadt Wernigerode eröffnete ein Haus für betreutes Wohnen für geistig behinderte, junge Menschen. Staatlicherseits gab es in der DDR für diese Menschen noch keine Einrichtungen. Wer nicht in kirchlichen Häusern wohnen und meist auch arbeiten konnte, wurde ab einem Alter von 18 Jahren in Alten-und Pflegeheimen untergebracht. Ich durfte in diesem Haus und mit diesen Menschen arbeiten. Der Staat sah ideologisch keine Gefahr darin, mich behinderten Menschen auszusetzen. Der Leiter der Einrichtung war ein Sozialarbeiter, der eine Karriere als Alkoholiker hinter sich hatte, trocken war und sich sehr intensiv bei der Betreuung Suchtkranker engagiert hat. Wir verstanden uns sehr gut. Unsere erste Aufgabe war das Einrichten der Zimmer. Dann wurden uns die ersten Bewohner zugewiesen, teils kamen sie aus Alten- und Pflegeheimen. Es gab auch junge Menschen, die wir aus kirchlichen Einrichtungen in unser Haus holten, weil sie dort unter miserablen Arbeitsbedingungen ausgebeutet wurden. Ziel unserer Wohnstätte war es, möglichst viele dieser jungen Menschen später für eine eigene, betreute Wohnung zu befähigen. Diese Arbeit war im Nachhinein gesehen sehr wertvoll für mich. Ich habe im Umgang mit Menschen mit Behinderungen sehr viel gelernt und sehr viele Erfahrungen sammeln dürfen.

Hinzu kam: Durch meine musikalische Ausbildung in der Schule hatte ich schon lange Kontakt zur Kultur- und Forschungsstätte Kloster Michaelstein bei Blankenburg im Harz. Im Refektorium des ehemaligen Klosters fanden

Konzerte des Telemann-Kammerorchesters Michaelstein statt. Ich sang im Chor mit und war bei Aufnahmen im Tonstudio tätig. Damals wurde die Stelle des Orchesterinspektors vakant. Der Leiter der Einrichtung, Dr. Eitelfriedrich Thom, fragte mich, ob ich diese Tätigkeit nicht annehmen möchte. Ich sagte zu, und somit hatte ich plötzlich eine neue Arbeitsstelle mit eigenem Büro und einer Mitarbeiterin. Diese Arbeit lag mir sehr, nur wunderte ich mich zunächst, weshalb ich sie in meiner Situation erhalten hatte. Wollte man mich über diese Schiene »zurückgewinnen«, d. h. sollte ich den Antrag zurückziehen? Nach der Wende wurde bekannt, dass Herr Dr. Thom Offizier im besonderen Dienst des Ministeriums für Staatssicherheit war. Ihm traute man also zu, einen solchen Mitarbeiter wie mich zu führen.

In den Jahren 1984 bis 1989 stieg die Anzahl der Menschen, die die DDR verlassen wollten, immer mehr an. In Wernigerode gab es eine Gruppe von Antragstellern, die aus etwa neunzig Menschen bestand. Ein Austausch war wichtig, aber treffen konnte man sich nur in Kirchenräumen, die uns auch vom Superintendenten zur Verfügung gestellt wurden. Es kam zu regelmäßigen Begegnungen, die in ihren Inhalten und Themen von Gruppenmitgliedern vorbereitet und eingebracht wurden. Hauptsächlich ging es um gegenseitige Informationen, wie man sich verhalten soll, was verboten ist, wie man sich schützen kann, wie man sich der Polizei oder Mitarbeitern der Abteilung Inneres gegenüber verhält. Ich hatte mich sehr intensiv mit dem DDR-Strafrecht beschäftigt und meine Erkenntnisse an die Gruppe weitergegeben. Durch das DDR-Strafgesetzbuch wurde mir allerdings auch klar, dass es gegen diesen Staat für Bürger keinen Schutz gab. Die Gesetze waren so geschrieben, dass ein missliebiger DDR-Bürger immer auch hinter Gitter gebracht werden konnte. Es war reine Willkür, ob man ausreisen durfte oder ins Gefängnis kam. So passierte es immer wieder, dass durch die Staatsorgane der DDR Menschen inhaftiert wurden. Keiner wusste zunächst, wo sie waren, was ihnen vorgeworfen wurde. Daher organisierten wir ein System der gegenseitigen Achtsamkeit. Daneben war die Einschaltung eines Anwalts wichtig. Wir hatten Kontakte geknüpft zu Rechtsanwalt Wolfgang Schnur in Berlin, der auch für die evangelische Kirche in der DDR tätig war und unter Antragstellern ein großes Vertrauen genoss. Nach der Wende stellte sich heraus, dass er Inoffizieller Mitarbeiter der Staatssicherheit war.

Es kam der 25. Juli 1989. Ich war krankgeschrieben und zu Hause, da klingelte es um 6.30 Uhr an der Wohnungstür, zwei Polizisten standen davor. Ich sollte mich unverzüglich bei der Abteilung Inneres melden. Dort erhielt ich einen sogenannten Laufzettel, mit dem ich zu verschiedenen Ämtern zu gehen hatte. Jeder Antragsteller wusste, wer diesen Zettel hatte, durfte in drei oder vier Wochen ausreisen. Um 15 Uhr hatte ich wieder bei der Polizei zu erscheinen. Jetzt wurde mir mitgeteilt: »Der Antrag auf ständige Ausreise aus der DDR ist bewilligt.« Dann erfolgte die Aberkennung der Staatsbürgerschaft, ich bekam einen Identitätsausweis und hatte noch am selben Tag die DDR zu verlassen – acht Stunden später fuhr der mir zugewiesene Zug von Magdeburg Richtung Westen.

Epilog:

Nach intensiver Arbeitssuche, nur teilweise anerkanntem Studium und dem Absolvieren des vollen Referendariats beendete ich dieses am 30. April 1991. Ich hatte das 2. Staatsexamen geschafft. Am 1. Februar 1992 erhielt ich an einer der besten Schulen Deutschlands eine Stelle. Dort unterrichte ich noch heute die Fächer Mathematik, Physik und Gesellschaftslehre.

Andreas Dürr wurde 1958 in Lichtenstein/Sachsen geboren. Sein Vater arbeitete als Kranfahrer, seine Mutter war Hausfrau. Die achtköpfige Familie wohnte in Hohndorf im Erzgebirge. Von 1965 bis 1973 besuchte er die Polytechnische Oberschule Hohndorf. Danach wechselte er in den Spezialzweig für Musikerziehung der Gerhart-Hauptmann-Schule in Wernigerode, wo er 1977 sein Abitur ablegte. Von 1979 bis 1983 Mathematik- und Physikstudium an der Karl-Marx-Universität in Leipzig. Seit 1983 Lehrer. 1989 Ausreise in die Bundesrepublik Deutschland. Seit 1992 Lehrer in Wiesbaden. Mit seiner Familie lebt er in Heidenrod im Rheingau-Taunus-Kreis.

Prager Begegnungen

Doris Liebermann

Prag, Patočka-Straße. Eine laute Schnellstraße. Keine angenehme Wohngegend für eine alte Dame. Josefa Slánská wartete vor ihrem Haus auf mich. Ich hatte mir die Begegnung anders vorgestellt, ich hatte eine gebrochene, alte Frau erwartet. Jahre zuvor hatte ich ihr Buch gelesen, »Bericht über meinen Mann«, und mir das Leben dieser Frau vorzustellen versucht. Es war von zwei ungeheuren Tragödien überschattet: 1943 wurde ihre Tochter Nadja in Moskau entführt. Das Kind war damals zweieinhalb Monate alt. Es wurde nie wiedergefunden. Wenige Jahre später wurde Josefa Slánskás Mann in Prag verhaftet. Rudolf Slánský war von März 1945 bis September 1951 Generalsekretär der KPČ, der Kommunistischen Partei der Tschechoslowakei gewesen. In einem antisemitischen Schauprozess gegen ein angeblich »staatsfeindliches Verschwörerzentrum« standen 1952 vierzehn führende Parteifunktionäre wegen Hochverrats vor Gericht. Rudolf Slánský und zehn Mitangeklagte wurden zum Tode verurteilt und hingerichtet.

Josefa Slánská hatte ihren Mann in der Kommunistischen Partei kennengelernt. Weil er steckbrieflich gesucht wurde und untertauchen musste, führte das junge Paar ein gehetztes, unstetes Leben. Nach dem Einmarsch der Wehrmacht in die »Rest-Tschechei« 1939 emigrierten die Slánskýs mit ihrem vierjährigen Sohn Rudolf nach Moskau. Stalin hatte sie dort nie persönlich getroffen. Sie konnte sich an keine Situation erinnern, bei der eine Frau zu Stalin eingeladen worden wäre. Zu Stalin gingen nur die Männer.

Das Ehepaar arbeitete im Moskauer Rundfunk und rief die Landsleute in der Heimat zum Widerstand gegen Hitler auf. Im Oktober 1943 passierte das Unglück, als Sohn Rudolf mit der kleinen Schwester vor dem Rundfunkgebäude wartete. Er konnte sich nicht gegen die unbekannte Frau wehren, die behauptete, sie solle im Auftrag der Eltern das Kind abholen. Sie nahm Nadja mit. Dass Stalin die Entführung angeordnet hatte, hielt Josefa Slánská für wahrscheinlich.

Nach den schrecklichen Kriegsjahren kehrten die Slánskýs nach Prag zurück. Dort bestimmten nach dem kommunistischen Februarputsch von 1948 Stalins »Berater« mehr und mehr den Lauf der Dinge. Der Kalte Krieg zwischen Ost und West löste eine hysterische Jagd auf mutmaßliche Kollaborateure aus. Gegen Slánský wurde der Prozess vorbereitet, lange bevor er und seine Frau im November 1951 verhaftet wurden. Josefa Slánská wurde mit ihren beiden Kindern außerhalb von Prag interniert. Im Dezember 1952 durfte sie ihren Mann noch einmal im Gefängnis besuchen – unmittelbar vor seiner Hinrichtung. Dass es die letzte Begegnung mit ihm sein würde, ahnte sie nicht. Dass ein Prozess stattgefunden hatte, dass ihr Mann nicht mehr am Leben war, erfuhr sie erst nach Stalins Tod. Details über den Schauprozess wurden während der kurzen Zeit des »Prager Frühlings« 1968 bekannt, als offen darüber geredet und geschrieben werden durfte.

Josefa Slánská lachte, als ich mich über ihren Lebensmut wunderte, darüber, dass sie nach den schrecklichen 1950er-Jahren noch die Kraft gefunden hatte, sich in der Bürgerrechtsbewegung Charta 77 zu engagieren und sich damit erneut Überwachung, Bespitzelung, Verhören auszusetzen. Widerstand und Durchhaltevermögen, das hatte sie schon in ihrer Jugend, in der Partei, gelernt. Ihr Leben hatte sie auf

Anregung des Schriftstellers Pavel Kohout beschrieben. Auf Deutsch ist der »Bericht über meinen Mann« 1968/69 im Europa-Verlag erschienen und seit Langem vergriffen.

Von den vielen Begegnungen, die ich seit 1990 in Prag hatte, sind mir die mit Josefa Slánská (1913–1995) besonders eindrücklich in Erinnerung geblieben. Ich war damals wissenschaftliche Mitarbeiterin an der Forschungsstelle Osteuropa des Otto-Suhr-Instituts der Freien Universität Berlin und alleinerziehende Mutter eines dreijährigen Sohnes. Weihnachten 1989 war ich zum ersten Mal mit ihm in die DDR gereist, vor dem Fall der Mauer hatte ich zwölf Jahre lang Einreiseverbot. Ich war 1977 mit der sogenannten »staatsfeindlichen Jenaer Gruppe« nach West-Berlin ausgebürgert worden.

Warum? Wir hatten uns der berühmten Schriftstellerpetition angeschlossen und Unterschriften gegen die Biermann-Ausbürgerung gesammelt. Den Text hatte mir der Schriftsteller Jürgen Fuchs am Telefon diktiert, ich schrieb ihn auf meiner kleinen Reiseschreibmaschine ab. Wenige Tage nach Biermanns Ausbürgerung, am Abend des 18. November 1976, fand ein Treffen in der Jungen Gemeinde Jena Stadtmitte statt. Die Räume platzten aus allen Nähten, viele junge Leute waren von der Ausbürgerungsnachricht schockiert.

58 von ihnen unterschrieben die Petition der Berliner Künstler. Es war kein aggressives Protestschreiben, sondern ein Bittbrief an die DDR-Regierung, die Maßnahme der Ausbürgerung von Wolf Biermann noch einmal zu überdenken. Aber die Mächtigen empfanden dieses Schreiben als Bedrohung. Schon am nächsten Morgen ab sechs Uhr begannen in Jena die Verhaftungen. Als die Stasi-Akten zugänglich wurden, fanden wir heraus, dass noch in der Nacht um ein Uhr

einer unserer vermeintlichen Freunde, IM »Helmut Falke«, zur Staatssicherheit geeilt war und die Unterschriftenaktion denunziert hatte. Das MfS hatte sofort reagiert und Verhaftungen eingeleitet.

Mein Lebensgefährte Thomas Auerbach, der als Diakon der Evangelischen Kirche für die Junge Gemeinde Jena Stadtmitte zuständig war, wurde als einer der Ersten verhaftet. Stasi-Männer brachen in seiner Abwesenheit die Tür zu seiner Wohnung auf und stapelten »verdächtige« Bücher und Materialien. Auch ein Staatsanwalt war dabei. Als wir zu der Wohnung kamen, wurde meinem Lebensgefährten der Haftbefehl vorgelesen, dann wurde er von den Stasi-Leuten brutal die Treppe hinuntergestoßen.

Ich wohnte damals am Jenaer Markt. Einen Tag später kamen Stasi-Männer dorthin und beschlagnahmten meine Schreibmaschine, Papiere, Briefe. Ich wurde zum Verhör gebracht. Es dauerte den ganzen Tag und die ganze Nacht, in der ich den Haftbefehl wegen Beihilfe zu einer Straftat unterschreiben musste. Am nächsten Abend wurde ich überraschend freigelassen, aber gewarnt: Ich sei noch einmal mit blauem Auge davongekommen. Möglicherweise, so denke ich heute, wollte die Stasi nicht so viele Leute der Kirche festnehmen, ich studierte damals Theologie. Später trugen wir alle Informationen wie ein Puzzle zusammen: Es waren 45 junge Leute festgenommen worden, acht davon blieben als »Rädelsführer« in Untersuchungshaft. Ihre Namen sind: Thomas Auerbach, Marian Kirstein, Walfred Meier, Bernd Markowsky, Uwe Behr, Wolfgang Hinkeldey, Kerstin Graf, Gerd Lehmann. Nach neun Monaten wurden die Jenaer ohne Prozess nach West-Berlin ausgebürgert, wie schon einige Tage zuvor der Schriftsteller Jürgen Fuchs und die beiden Leipziger

Liedermacher Gerulf Pannach und Christian Kunert. Internationale Protestaktionen, besonders die vom West-Berliner Schutzkomitee »Freiheit und Sozialismus« organisierten, hatten die Freilassung und die Ausbürgerung erzwungen.

Die Ausbürgerung betraf auch die Angehörigen. Am 17. Dezember 1977, meinem 24. Geburtstag, reiste ich zusammen mit Andrea Todt, der Freundin von Wolfgang Hinkeldey, nach West-Berlin aus. Rein zufällig musste auch Stasi-IM »Helmut Falke« an dem Tag nach Berlin fahren. Er begleitete uns noch bis zum »Tränenpalast« in der Friedrichstraße. Den Grenzübergang hatten die Berliner so getauft, weil dort bei den Abschieden von West- und Ostdeutschen viele Tränen vergossen wurden.

In den folgenden Jahren reisten an die 200 junge Jenaer nach West-Berlin aus: freigekauft aus Gefängnissen oder von der Stasi derart drangsaliert, dass sie keinen anderen Ausweg sahen, als Ausreiseanträge zu stellen und in den Westen zu gehen. Einer unserer Freunde, Matthias Domaschk, starb 1981 in der Stasi-Untersuchungshaft Gera unter noch immer ungeklärten Umständen, und der heutige Bundesbeauftragte für die Stasi-Unterlagen Roland Jahn wurde 1983 vom MfS in Jena in Knebelketten gelegt und in ein Abteil des Interzonenzuges gesperrt. In Bayern fanden ihn bundesdeutsche Grenzbeamte.

Der Weg zurück war uns seit der Ausreise versperrt. Für uns Jenaer war die Einreisesperre bis zum Jahr 2000 vorgesehen, wie später aus den Stasi-Akten hervorging. Dass die Mauer Jahre vorher fallen würde, damit hatten allerdings weder die Funktionäre in Ost-Berlin noch die Stasi gerechnet.

Die Grenze begleitet mich schon mein ganzes Leben lang. Sie tut es bis heute. Aufgewachsen bin ich in einem kleinen Dorf in Südthüringen, in der Nähe von Hildburghausen. In meiner Kindheit war die Welt gleich hinter dem Dorf zu Ende. Dort stand ein Schlagbaum, dort wachten Grenzsoldaten, denn dort begann das Sperrgebiet, das nur Menschen mit einer Sondergenehmigung betreten durften. Die Grenzanlagen waren nicht zu sehen. Sie waren eingebettet in die waldige Hügellandschaft und von dieser verdeckt. Aber von höhergelegenen Wegen des Dorfes aus konnte man in den Westen sehen. Bei gutem Wetter war die Veste Coburg am Horizont zu erkennen oder weiße Türme und Gebäude in Bad Rodach. Das sei die Molkerei, sagten die älteren Dorfbewohner, die noch vor dem Mauerbau in den Westen hatten reisen können. Schon als Kind fragte ich mich, warum ich nicht dorthin durfte. Wer hatte das Recht, mir das zu verbieten?

Mein kleiner Sohn lernte Weihnachten 1989 seine Verwandten kennen, ich erkundete die Umgebung: zunächst die unmittelbaren Nachbardörfer, die schon im Sperrgebiet lagen und die ich noch nie gesehen hatte. Erst nach so vielen Jahren konnte ich auch die nahen Kulturschätze besichtigen. Ich wanderte auf die Gleichberge, weithin sichtbare, die Landschaft prägende Basaltkegel, auf denen es Reste eines keltischen Oppidums gibt, oder besuchte die Veste Heldburg, die der künstlerisch ambitionierte Theaterherzog Georg II., im 19. Jahrhundert der Förderer des berühmten Meininger Theaters, seiner dritten Frau, der Schauspielerin Ellen Franz geschenkt hatte. Noch heute fahre ich, wenn ich in meiner thüringischen Heimat bin, am liebsten mit dem Fahrrad durch das ehemalige Sperrgebiet. Noch immer entdecke ich Neues.

Es war nicht nur die DDR, in die ich seit der Ausreise nach West-Berlin nicht hatte fahren dürfen. 1982 hatte ich von

der Tschechischen Militärmission in West-Berlin die knappe
Auskunft bekommen, ich dürfe »auf Anweisung aus Prag«
nicht mehr in die ČSSR einreisen. In Karlsbad hatten wir Ex-
Jenaer, nun West-Berliner, uns gerne mit Jenaer Freunden,
also DDR-Bürgern, getroffen. Wir durften nicht in die DDR
einreisen, sie durften uns nicht in West-Berlin besuchen. Da
ich aber auch Osteuropäische Geschichte studierte, interes-
sierten mich, bei meinem biografischen Hintergrund, auch
die tschechoslowakischen Dissidenten. Vermutlich war das
der Grund für das Einreiseverbot.

An unserer kleinen Forschungsstelle Osteuropa arbeitete
damals der Historiker Prof. Michal Reiman. Er war Reformkommunist in Prag gewesen und hatte nach dem Einmarsch
der Truppen des Warschauer Paktes 1968 seine Stellung verloren. Seine russische Frau Tamara hatte Alexander Dubček
beim Treffen mit Leonid Breshnew in Čierna nad Tisou als
Dolmetscherin begleitet, wenige Tage vor der Invasion im
August 1968. Einige Jahre später waren die beiden in die
Bundesrepublik ausgereist. Wir verstanden uns gut. Die Wohnung der Reimans war ein beliebter Treffpunkt tschechischer
Exilanten in West-Berlin. Alle hatten Einreiseverbot in die
Tschechoslowakei. Als im November 1989 die Nachrichten
von der »Samtenen Revolution« durch die Medien gingen,
war Prof. Reiman aufgewühlt. Er nutzte die erste Gelegenheit,
die es ihm erlaubte, wieder nach Prag zu reisen. Seinen Kontakten dort verdanke ich viele interessante Begegnungen. Bald
machten wir die erste Exkursion nach Prag. Viele ehemalige
Anhänger Dubčeks hatten sich nach der Niederschlagung des
Prager Frühlings als Fensterputzer, Wasservermesser, Putzfrauen oder Heizer durchgeschlagen. Nun war es umgekehrt:
Sie wurden aus ihren proletarischen Berufen in hohe Ämter

katapultiert. Das bekannteste Beispiel ist Jiří Dienstbier, der an einem Dienstag im Dezember 1989 noch Heizer, am Samstag aber schon Außenminister war. Dienstbier hatte 1977 die Charta 77 unterzeichnet, die auf die Menschenrechtsverletzungen in der ČSSR aufmerksam machte. Den Text hatten vor allem der Dramatiker Václav Havel und der Philosoph Jan Patočka verfasst.

Wir trafen Pavel Seifter, auch er ein Charta-77-Signatar, der nach 1968 sein Leben als Fensterputzer gefristet hatte. Er sollte Botschafter in England werden. Oder Luboš Dobrovský, der neuer Verteidigungsminister wurde, ebenfalls zur Charta 77 gehörte und die Samizdat-Zeitschrift »Lidove Noviny« herausgegeben hatte. Besonders gerne erinnere ich mich an die Begegnungen mit dem Historiker Prof. Jan Křen, auch er ein degradierter Reformkommunist, der nach 1968 als Wasservermesser arbeiten musste. Er und seine Schicksalsgenossen teilten sich die Arbeit so geschickt ein, dass einer immer lesen und forschen konnte. Im Bauwagen entstand Křens Buch »Die Konfliktgemeinschaft: Tschechen und Deutsche 1780–1918«. Anfang 1990 kehrte er als Professor an die Karls-Universität zurück, noch im selben Jahr wurde er zu einem der beiden Vorsitzenden der deutsch-tschechischen Historikerkommission gewählt.

Wenn ich zurückdenke, fällt mir der freundschaftliche, unkomplizierte Umgang der tschechoslowakischen Dissidenten mit uns deutschen Besuchern auf. Ich frage mich, ob ihre Bedeutung beim Übergang von der Diktatur zur Demokratie überhaupt noch bekannt ist. Uns gegenüber zeigten sie keine Spur von Arroganz, Überlegenheit, universitärer Hierarchie. Wahrscheinlich lag es an den ungewöhnlichen, gebrochenen Biografien, denke ich, viele Akademiker waren

Heizer, Lagerarbeiter, Putzfrauen, sie kannten und beurteilten das Leben aus unterschiedlichen Perspektiven, nicht nur der universitären.

Ich lernte auch den Historiker Miloš Hájek kennen, der als Widerstandskämpfer von den Nationalsozialisten zum Tode verurteilt worden und nur knapp der Hinrichtung entkommen war. Nach dem Krieg ein glühender Kommunist, war auch er nach der Niederschlagung des Prager Frühlings aus der Partei ausgeschlossen und beruflich degradiert worden. 1988 wurde er zu einem der drei Sprecher der Charta 77 gewählt. »Die Charta war eine Schule der Demokratie«, sagte Miloš Hájek, »dort trafen sich Intellektuelle und Künstler, Reformkommunisten und Sozialdemokraten, Liberale und Christen.« Von den Charta-Unterzeichnern lernte ich viel Neues. Besonders beeindruckte mich, dass die Charta 77 schon 1985 den »Prager Aufruf« veröffentlicht hatte, gerichtet an den in Amsterdam tagenden Friedenskongress. Der Aufruf war mit der Hoffnung verbunden, dass der Kongress Wege zu einem vereinten, demokratischen und selbstbestimmten Europa freier Bürger und Nationen vorschlagen würde. Nur ein solches Europa, war die Meinung der Charta-Verfasser, könne künftig friedlichere Lebensbedingungen schaffen. Die Prager Hardliner hatten den Aufruf als Provokation aufgefasst.

Wörtlich hieß es darin: »Wir können ebenfalls einige bisher bestehende Tabus nicht außer Acht lassen. Eines davon ist die Teilung Deutschlands. Wenn in der Perspektive der europäischen Einigung keinem sein Recht auf Selbstverwirklichung abgesprochen werden darf, gilt dies ebenfalls für die Deutschen. (…) Gestehen wir (…) den Deutschen offen ihr Recht zu, sich frei zu entscheiden, ob und in welchen Formen sie die

Verbindung ihrer beiden Staaten in ihren jetzigen Grenzen wollen.«

Ich war überrascht. Ich hatte die Teilung unseres Landes als gerechte Strafe für die Verbrechen des Zweiten Weltkrieges, die unsere Väter und Großväter begangen hatten, akzeptiert. Auch polnische Freunde hielten die Wiedervereinigung unseres Landes für eine Selbstverständlichkeit. Durch ihre Diskussionen angeregt, begann ich mich mehr damit auseinanderzusetzen.

Die neuen tschechoslowakischen Politiker waren sich vom ersten Moment an bewusst, dass Deutschland für sie eine Schlüsselrolle spielen würde. Einen Tag vor Heiligabend 1989 schnitten die Außenminister der Tschechoslowakei und der Bundesrepublik Deutschland, Dienstbier und Genscher, gemeinsam den Stacheldrahtzaun an der tschechisch-deutschen Grenze auf einem Feldweg bei Waidhaus/Rozvadov durch. Die erste Reise des neu gewählten Präsidenten Václav Havel führte damals noch in zwei deutsche Staaten: Am 2. Januar 1990 besuchte er Berlin und München. Auch dieser Besuch hatte symbolischen Charakter: Am Brandenburger Tor ließ sich die Delegation vor den Resten der Berliner Mauer fotografieren. Das zu Beton gewordene Symbol der Teilung, der Eiserne Vorhang, der Europa 28 Jahre lang getrennt hatte, verschwand. Zumindest physisch.

Von den visionären Positionen der einstigen Charta-77-Unterzeichner ist bei uns heute wenig bekannt. Dabei sollte ihr Engagement noch nachträglich gewürdigt werden. Wenigstens so, wie es der polnische Schriftsteller Kazimierz Brandys bei einem West-Berliner Aufenthalt in den 1980er Jahren gefordert hatte: »Wendet euch uns zu, ihr werdet interessante Dinge erfahren.«

Doris Liebermann, geboren 1953 in Thüringen, studierte in Jena Theologie. Nach einer Unterschriftensammlung gegen die Ausbürgerung Wolf Biermanns wurde sie vorübergehend festgenommen und 1977 ausgebürgert. Sie studierte Osteuropäische Geschichte und Slavistik an der FU Berlin. Seit 1983 arbeitet sie als Autorin für Funk, Fernsehen und Printmedien. 1998 veröffentlichte sie mit Jürgen Fuchs die Anthologie »Dissidenten, Präsidenten und Gemüsehändler. Tschechische und ostdeutsche Dissidenten 1968–1998«. Daneben u. a.: »Ein Piratenstück. Der 1. Leipziger Herbstsalon 1984, seine Vorgeschichte und seine Protagonisten« (2015).

2. TEIL

ERSTES KENNENLERNEN

DIE MAUER

Reiner Kunze

Als wir sie schleiften, ahnten wir nicht,
wie hoch sie ist
in uns

Wir hatten uns gewöhnt
an ihren horizont

Und an die windstille

In ihrem schatten warfen
alle keinen schatten

Nun stehen wir entblößt
jeder entschuldigung

1990

Neugierig auf die deutsche Einheit

Peter Tauber

Als ich die Bilder vom Fall der Mauer im Fernsehen sah, war ich 15 Jahre alt. Plötzlich öffnete sich mir eine im wahrsten Sinne des Wortes fremde Welt. Ich bin im sogenannten Fulda Gap groß geworden. Das ist die Stelle an der innerdeutschen Grenze, an der die Streitkräfte des Warschauer Paktes ihren Angriff auf das freie Westeuropa begonnen hätten. Deutschland wäre zum zentralen Schlachtfeld geworden, hätte der Kalte Krieg sich in einen heißen verwandelt. Amerikanische Soldaten im Herbstmanöver, Dörfer, die sich selbst zur »atomwaffenfreien Zone« erklärten, Gullydeckel, unter denen sich Sprengschächte verbargen, um Straßen und Brücken zu zerstören, regelmäßig übende Tiefflieger, Sirenen um zwölf Uhr mittags jeden Samstag und Munitionsdepots in den Wäldern waren Alltag in meiner Kindheit.

Das andere Deutschland kannte ich nur aus den Schulbüchern und dem Fernsehen. Es war bestenfalls ein Ort, der merkwürdig anmutete, keinesfalls ein Ort, zu dem es mich hinzog. Und erst der Fall der Mauer änderte das schlagartig.

Mit meiner Familie saß ich gebannt vor dem Fernseher. Wir waren am Tegernsee im Urlaub. Und während wir auf den Riederstein spazierten, veränderte sich die Welt. Schon die Demonstrationen, von denen man in den Nachrichten hörte, und die Ausreise der Botschaftsflüchtlinge in den Westen ließen mich spüren: Hier passiert was. Und ich war praktisch »dabei«. Nun, eigentlich war ich ja gerade nicht dabei. Und jetzt erst recht nicht. Ich saß schließlich im tiefsten Bayern fest, während Geschichte geschrieben wurde. Die Begeisterung, die Freude, die Veränderung, aber auch meine Neugier auf dieses andere Deutschland führten dazu, dass ich mich in der Tat damals wirklich ärgerte. Ich wäre zu gerne in diesen Momenten und Tagen an der innerdeutschen Grenze oder gar in Berlin dabei gewesen. Aber das ging nicht. Alleine hätte ich mich nicht nach Berlin getraut – unabhängig davon, ob meine Eltern mir das überhaupt erlaubt hätten. Und so blieb mir nur, auf der Rückfahrt aus dem Urlaub die komischen Autos aus Pappe zu zählen, die mein Vater überholte. Und jeder, den man überholte, winkte fröhlich und hupte. Das ist mir später nie wieder passiert.

Mit diesen Tagen war mein Interesse an Politik endgültig geweckt. Ich fand es schon als Schüler komisch, dass in meinem Schulatlas eine Karte mit zwei Deutschlands war. Geschichte manifestierte sich für mich in Landkarten und Tabellen, die die DDR und die Bundesrepublik miteinander verglichen. Es gab nämlich ein Schulbuch, in dem das alles nachzulesen war und das zu meiner Lieblingslektüre gehörte – ähnlich wie ein historischer Weltatlas. Wie weit weg von der Realität viele der Statistiken über die DDR waren, offenbarte sich ja dann später, als der desaströse Zustand der Volkswirtschaft in der DDR offensichtlich wurde. In der Mittelstufe war das aber mein zentraler Zugang zum anderen Deutschland, übertroffen nur noch, wenn ich mit meinem Vater samstagabends vor der Sportschau der Bundesliga noch im DDR-Fernsehen die Oberliga verfolgte.

Wenn ich dann den Schulatlas vor mir hatte, überlegte ich immer wieder, wie das wohl wäre, wenn es ab morgen nur noch ein Deutschland in Europa gäbe. Ich überdeckte dann mit den Fingern die Grenze und staunte, wie viel größer Deutschland dann wäre. Bei diesen vagen Vorstellungen war es aber immer geblieben. Nun war das anders. Es begann eine aufregende Zeit. Die Veränderungen waren überall spürbar. Wenn ich die Zeit vor dem 3. Oktober, dem offiziellen Tag der Deutschen Einheit denke, wenn ich mich frage, wie ich diese Zeit, die deutsche Einheit selbst, erinnere, dann gibt es drei besondere Erlebnisse, die mich damals sehr beschäftigt haben und über die ich heute immer noch nachdenke.

Ich war neugierig. Nach dem Fall der Mauer fuhr ich mit meiner Schulklasse nach Weimar und Buchenwald. Neben den Orten der deutschen Klassik, denen ich damals leider nicht die Aufmerksamkeit schenkte, die sie verdienen, war der Besuch der KZ-Gedenkstätte in Buchenwald emotional. Noch nie zuvor war ich in einem KZ gewesen, aber Bücher über die Judenverfolgung hatte ich viele gelesen: »Das Tagebuch der Anne Frank«, »Als Hitler das rosa Kaninchen stahl«. Mir war bewusst, dass das die schlimmste Zeit in der Geschichte Deutschlands war und meine Eltern in dieser Zeit geboren worden waren. In der Ausstellung in Buchenwald hingen noch die alten Banner, die den kommunistischen Widerstand glorifizierten, andere Formen des Widerstands ausblendeten und vor allem unerwähnt ließen, dass das Leiden und Sterben in Buchenwald auch nach der Befreiung durch die US-Amerikaner weiterging, als die Sowjets in Thüringen zur Besatzungsmacht wurden. Neben meiner ersten Club-Cola auf einem Rasthof ist mir von dieser Fahrt aber nicht mehr viel erinnerlich.

Als mein Vater mir dann unverhofft anbot, mit ihm nach Leipzig, Gotha, Erfurt und in andere Städte zu fahren, war ich sofort dabei. Sein Weg führte ihn beruflich nach Thüringen und Sachsen. Ich durfte mitkommen, musste ihm allerdings versprechen, mich in der Zeit selbst zu beschäftigen. Was Besseres konnte mir in den Schulferien nicht passieren. Meinen Fotoapparat und einige Filme im Gepäck ging es los. Der Erfurter Dom hat mich beeindruckt, das weiß ich noch. Aber wenn man nur in die Nebenstraßen abbog, dann stand man vor Ruinen. Wer heute dort spazieren geht, der kann sich das kaum vorstellen. Ich war kein geübter und guter Fotograf, doch die Fotos habe ich noch, und sie lassen erkennen, wie kaputt alles war. Zerbrochene Fenster, halb abgedeckte Dächer, aus denen Bäume herauswuchsen, zugenagelte Türen. Und dahinter eine Bausubstanz, die jedem Denkmalschützer die Tränen in die Augen treiben musste.

In meiner Heimatstadt Gelnhausen ist jedes Fachwerkhaus herausgeputzt, deswegen wirkte der Kontrast wohl noch einmal viel stärker auf mich. Alles wollte ich am liebsten dokumentieren und festhalten. Irgendwann waren die Filme voll. Wir lebten in der Zeit vor der Digitalfotografie. Man wusste nicht mal, ob das Foto etwas geworden war, also habe ich manche Motive mehrfach aufgenommen, weil mir die Bilder so eindrucksvoll erschienen. Und so stand ich nach einer Weile ständig vor Gebäuden, Häusern, Straßenzügen, die ich so gerne aufs Bild gebannt hätte, die ich aber nun lediglich in meiner Erinnerung abspeichern konnte.

Haben die Westdeutschen damals überheblich auf die kaputten und durch den Sozialismus ruinierten Städte im Osten geschaut? Ich weiß das nicht. Für mich kann ich sagen, dass ich in all dem Chancen gesehen habe. In meiner Fantasie waren all diese Orte in naher Zukunft mit Leben gefüllt, saniert und wiederaufgebaut. In Wahrheit hatte der Sozialismus den Osten nämlich städtebaulich vor mancher Sünde bewahrt, die Städteplaner und Politiker im Westen begangen hatten. So sah ich es, der ich Städte wie Frankfurt und Hanau kannte. Und wahrscheinlich kam der Zusammenbruch des Sozialismus dem Zusammenbruch dieser historischen Kleinode nur wenige Jahre zuvor. Unvorstellbar, was für ein kulturelles und historisches Erbe dann noch einmal nach den Zerstörungen des Zweiten Weltkrieges verloren gegangen wäre!

Die Reisen mit meinem Vater fanden ohne Mobiltelefon statt. Ich musste pünktlich wieder am vereinbarten Ort sein, damit ich meinen Vater nicht verpasste. Das limitierte meinen Aktionsradius. Oft hatte ich einen Stadtplan aus Papier dabei, um mich nicht zu verlaufen. Keine digitale Karte führte mich also zu den Sehenswürdigkeiten oder zurück zum Ausgangspunkt. In letzter Zeit habe ich mir oft vorgestellt, wie es wohl gewesen sein könnte, wenn ich mit einem Smartphone mit guter Kamera und Google Maps unterwegs gewesen wäre. Vielleicht wäre der Akku des Telefons irgendwann leer gewesen, wahrscheinlich hätte ich die eindrücklichsten Bilder sofort auf Instagram geteilt. Auf jeden Fall wäre es viel leichter gewesen, meine unermessliche Neugier zu befriedigen. So half nur eins: wieder hinfahren. Ich wollte unbedingt diese Zeit des Umbruchs, des Aufbruchs erleben und dabei sein. Ich konnte selbst nichts tun, aber ich wollte alles aufmerksam beobachten. Ob mich das in meiner späteren Entscheidung, Geschichte zu studieren, beeinflusst hat?

Menschen bin ich bei diesen Ausflügen natürlich auch begegnet. Doch wirklich kennengelernt habe ich leider niemanden. Darüber war ich durchaus traurig, denn diejenigen, denen ich begegnet war, wirkten nicht nur wegen ihrer Frisuren und Klamotten fremd auf mich. Und ich war fast enttäuscht, dass mit jedem Besuch die Zahl derjenigen, die dieselbe Kleidung wie ich oder meine Eltern trugen, zunahm.

Genauso schnellte die Zahl der westdeutschen Autos in kürzester Zeit in die Höhe, und vor den Gaststätten hing jetzt die Leuchtreklame der bekannten Biermarken aus dem Westen. So ähnlich muss es in meiner Vorstellung gewesen sein, als der Wilde Westen aufhörte, wild zu sein. Und ich wollte möglichst noch viel sehen und erleben, bevor der Osten in vielen Dingen so aussah wie der Westen.

Dann bekam ich meinen persönlichen Ossi. Eines Tages war er neu in unserer Klasse. Stefan kam aus Thüringen, seine Eltern wollten, dass er in Hessen Abitur macht. So genau habe ich nicht herausgefunden, ob er von dieser Idee begeistert war, aber offensichtlich versprachen sich seine Eltern davon etwas, und wenn es nur darum ging, ihm nicht länger dem Einfluss seiner bisherigen Lehrer, die ja bis vor Kurzem noch treu das Lied von der Überlegenheit des Sozialismus gesungen hatten, auszusetzen. Stefan konnte kein Wort Englisch. Er muss sich im Fremdsprachenunterricht wirklich verloren gefühlt haben in der 11. Klasse. In den Naturwissenschaften hingegen war er gut. Der Unterricht war nicht sein Problem, aber man merkte doch, wie fremd ihm alles war. Ob er sich verloren gefühlt hat, das kann ich nicht sagen. Er wohnte zur Untermiete in meinem Heimatort. Es war nicht so, dass ich mir vorgenommen hatte, mich um ihn zu kümmern, aber wir waren durchaus auf einer Wellenlänge und verstanden uns gleich auf Anhieb gut.

Für mich war es aber die perfekte Gelegenheit, meine Neugier auf dieses andere Deutschland zu befriedigen. Endlich war da jemand, der mir quasi als Zeitzeuge Rede und Antwort stehen konnte. Und es mag durchaus egoistisch gewesen sein, dass ich mich ihm so zuwandte. Sicher habe ich ihn genau »studiert« und ausgefragt. Später waren wir auch befreundet, ich habe ihn in seinem Heimatort in Thüringen besucht, seine

Eltern kennengelernt und viel über das Denken eines Teils der Ostdeutschen gelernt. Und mir ist schnell klargeworden: *Den* Ossi gibt es nicht. Es gab nicht nur die, die von der Idee einer Einheit begeistert waren, es gab nicht nur die, die sich auf Veränderungen und Chancen freuten, es gab nicht nur die, die dem Sozialismus keine Träne nachweinten. Es gab auch die, die Angst hatten, sich Sorgen machten, sich als Verlierer fühlten, ihren eigenen Lebensentwurf infrage gestellt sahen. Und nicht jeder hatte die Kraft und den Mut und die Neugier, sich diesen Veränderungen zu stellen. Ich kannte nur Stefan, aber so wie er von zu Hause, von seiner Familie, von seinen ehemaligen Schulfreunden sprach, war das gar nicht zu übersehen, wenn man ihm offen zuhörte. Ich dachte dann immer, wie es wohl gelingen könnte, allen Menschen diesen Mut und die Zuversicht zuzusprechen, sich auf die Veränderungen einzulassen und neugierig zu bleiben. Dazu brauchte es eine kluge Politik. Und vielleicht war da auch ein Grundstein gelegt, dass ich Politik nicht nur beschreiben wollte, sondern mir vorstellte, wie das wäre, wenn man selbst entscheidet und sich einmischt.

Meine Faszination für die Zeiten der Veränderungen, die ich erlebte, war aber vor allem aus dem Bewusstsein gespeist, dass ich hier Geschichte hautnah miterleben durfte. Geschichte war das mir liebste Schulfach. Doch mir wurde auch klar, dass das Schreiben von Geschichte politisches Handeln voraussetzte. Meine Neugier auf Nachrichten erwachte. Nun wurde ich nicht unbedingt zu einem eifrigen Zeitungsleser, aber ich verfolgte doch hin und wieder die Nachrichten im Fernsehen. Und ich verstand, dass es heftigen Streit darüber gab, was nun zu tun sei. Und mir wurde bewusst: Geschichte passiert nicht einfach. Menschen machen sie. Und dann kam einer dieser Menschen, ein wirklich wichtiger Politiker, in einen Ortsteil meiner Heimatstadt Wächtersbach. Der Generalsekretär der CDU, ein Mann namens Volker Rühe, hatte sich angekündigt, im Dorfgemeinschaftshaus in Neudorf zu sprechen. Das wollte ich mir anhören. Ich war neugierig.

Und es wurde meine erste politische Kundgebung. Der kleine Saal, in dem normalerweise vielleicht 150 Menschen Platz fanden, war brechend voll. Am Ende füllten fast 250 interessierte Zuhörerinnen und Zuhörer den Raum. Es wurden immer noch Stühle hineingetragen. Ich war nicht alleine dort hingegangen. Das hätte ich mich wohl nicht getraut, aber dankenswerterweise konnte ich einige Freunde überreden. Wir mussten auf dem Fußboden in einem der Gänge nach vorne Platz nehmen, so voll war es.

Vorne auf der Bühne hing eine riesengroße Deutschlandfahne und daneben eine ebenso große Fahne der CDU mit dem Schriftzug der Partei und dem Hessenlöwen. Davor saß eine Blasmusikkapelle und spielte Märsche. Eine CDU-Veranstaltung wie aus dem Bilderbuch – zumindest in den 1980er- und 1990er-Jahren. Als Volker Rühe dann unter den Klängen eines Marsches in den Saal einzog, standen alle auf. Er wurde mit lautem Applaus begrüßt. Es folgten viele Grußworte von örtlichen Würdenträgern und schließlich die Rede. Ich kann mich nicht daran erinnern, was gesagt wurde, aber an die Stimmung erinnere ich mich gut. Es herrschte eine Art Aufbruchsstimmung, eine Euphorie, wie ich sie auch später so gut wie nie wieder auf politischen Kundgebungen erlebt habe. So ähnlich muss es auch gewesen sein, als Helmut Kohl auf den Marktplätzen im Osten sprach. Die Rede in Dresden vor den Ruinen der Frauenkirche kann man sich ja heute noch anhören. Man bekommt eine Ahnung von der Stimmung in dieser Zeit. So war es auch in Neudorf. Die Rede endete mit stehenden Ovationen. Und dann spielte die Blaskapelle die Nationalhymne, und alle sangen mit. Das hat mich berührt. Das gemeinsame Singen der Hymne suggerierte Einigkeit der Menschen im Saal. Das war ein schönes Gefühl. Und Rühe hatte seine Zuhörer begeistert. Politik war also offenkundig eine ziemlich aufregende Sache. Jetzt war ich nicht mehr nur neugierig, jetzt wollte ich mitmachen.

Meine Neugier auf die Städte, Dörfer und Orte, meine Neugier auf die Menschen in den jungen Bundesländern, meine Neugier darauf, wie es nun weitergehen würde mit diesem Deutschland, das sich anschickte, wieder eine Nation in einem gemeinsamen Staatswesen sein zu wollen, endete nicht mit dem 3. Oktober. Das gilt, wie man an meinem weiteren politischen Weg sieht, auch nicht für das Interesse an der Politik.

Ich gebe zu, dass ich den 3. Oktober 1990 dann gar nicht als besonderen Tag in Erinnerung behalten habe. Die ersten freien Wahlen in der DDR im März und dann später die Bundestagswahl im vereinten Deutschland fand ich viel spannender. Vor allem bei der Bundestagswahl konnte man mitfiebern und hatte das Gefühl, viel unmittelbarer dabei zu sein. Wieder galt es, sich zu entscheiden. Und wenig später habe ich mich dann entschieden, mich politisch zu engagieren. 1991 bin ich erst in die Junge Union und später in die CDU eingetreten.

Nach wie vor empfinde ich es als ein Geschenk, dass ich diese Zeit, die zu den hellen Punkten in der deutschen Geschichte gehört, miterleben durfte. Oft wünsche ich mir, dass wir uns als Deutsche dieser Ereignisse von 1989 und 1990 wieder stärker bewusst werden, denn daraus kann man so viel positive Kraft und so viel gute Gedanken schöpfen, um uns den Herausforderungen von heute zu stellen. Für mich persönlich kann ich nur sagen, dass ich mir aus der Zeit der deutschen Einheit zwei Dinge bewahrt habe: Zuversicht ist mir wichtig. Gemeinsam kann man so viel erreichen. Das hat diese Zeit uns gelehrt. Auch wenn diese Lehre etwas verloren gegangen ist, für mich habe ich sie bewahrt. Ich will stets zuversichtlich und fröhlich bleiben. Und noch wichtiger ist die Neugier. Ich freue mich auf das Morgen. Es kann gut werden. Wir müssen keine Angst haben. Wir werden um unsere Einheit ringen und streiten. Einheit ist etwas Anstrengendes, denn man muss sich um Einheit bemühen. Vielleicht ist sie sogar schwerer zu bewahren als zu erreichen. Sie ist kostbar und man muss sie behüten und im Zweifel verteidigen. Ich bin neugierig, wie uns das ab morgen gelingt.

————————

Dr. Peter Tauber, geboren 1974 in Frankfurt am Main, lebt in Gelnhausen und arbeitet in Berlin. Seit 2009 ist der promovierte Historiker Abgeordneter des Deutschen Bundestages, seit 2018 Parlamentarischer Staatssekretär bei der Bundesministerin der Verteidigung. Von 2013 bis 2018 war er Generalsekretär der CDU. Der Fall der Mauer und die Deutsche Einheit haben ihn politisiert und zur CDU geführt. Kein Wunder, denn Helmut Kohl war Kanzler, als er eingeschult wurde, als er Abitur machte und als er seinen Wehrdienst leistete. Der gläubige Christ liebt das Lesen so sehr, dass er inzwischen selbst ein Buch verfasst hat.

Ich hatte wieder eine Aufgabe

Editha Krummreich

Dass es mit unserem Betrieb zu Ende geht, deutete sich beizeiten an. Unser Betrieb nannte sich Polypack und war ein Teil des großen Kombinats für Verpackungsmittel in Dresden mit etwa 2000 Beschäftigten, vorwiegend Frauen. Dort hatte ich fast jede Arbeitsstufe durchlaufen und war mit dem Betrieb fest verwachsen. Nach dem Krieg fing ich als Hofarbeiterin an. Dann wurde ich mit einer Ausbildung Arbeitsnormerin, danach Meisterin, das war mein erstes Studium. Später absolvierte ich noch ein Fernstudium als Ingenieurökonom, und in den 1980er-Jahren leitete ich die Abteilung »Wissenschaftliche Arbeitsorganisation«. Und das alles, ohne jemals in der Partei gewesen zu sein. Das ging aber nur, weil ich gute Vorgesetzte hatte. Ich sagte ihnen: »Ich würde diese Abteilung gern leiten, aber nicht, wenn ich in die Partei eintreten muss.« Immerhin hatten in meiner Familie drei von vier Familienangehörigen aus politischen Gründen im Knast gesessen, meinen Sohn haben sie sogar in den Tod getrieben. Partei kam für mich überhaupt nicht infrage.

Noch bis in den Sommer 1990 arbeitete ich im Betrieb. Da hatte ich zwar meine Stelle als Abteilungsleiterin nicht mehr, doch meine Vorgesetzte hatte mir eine andere sinnvolle Beschäftigung gegeben. Ich sollte eine umfassende Analyse unserer Arbeit anfertigen – das Ende des Betriebs, in dem ich vierzig Jahre lang so gut wie zu Hause war, lag ja in der Luft. Und dann kam es, das Ende – und damit ging mein großes Leiden los, meine tiefe Enttäuschung. Es war eine Art

Rausschmiss – und das war wirklich schwer zu verkraften, war ich doch über die Jahrzehnte mit diesem Betrieb verwachsen. Bis zum Schluss glaubte ich, dass das, was ich arbeite, sinnvoll sei, ich fühlte mich sattelfest. Meine Arbeit im Betrieb habe ich sehr geliebt. Deshalb war das meine große Enttäuschung ...

Ich wurde ganz offiziell entlassen, mit einem blauen Brief und so – und fühlte mich auf einmal sehr einsam. Du fliegst raus und hast plötzlich keine Arbeit mehr – egal, ob du bisher alles gut gemacht hast oder nicht. Das macht sehr einsam. Später wurden die Angehörigen des Betriebs massenhaft entlassen, alle waren derselben Situation ausgesetzt – schlimm genug. Doch weil ich fast sechzig war, kriegte ich ja zunächst einmal alleine diesen blauen Brief, und das tat unheimlich weh. Denn ich hatte bis dahin eine gute und anerkannte Arbeit gemacht, dafür habe ich auch etliche Auszeichnungen bekommen. Und nun musste ich meinen Kollegen plötzlich sagen: »Ich bin zum Monatsende gekündigt!« Alle saßen betroffen da, und ich fing an zu weinen.

Ich bekam die Entlassung zum 30. Juni 1990. Dieser Tag der Kündigung, der war ganz furchtbar. Ich wollte mir die Kante geben, ging in einen Laden und kaufte mir eine halbe Pulle Cognac »Goldbrand«. Der war von mieser Qualität – das wusste man aber erst später. Ich fühlte mich völlig leer. Glücklicherweise kamen am nächsten Tag West-Berliner Freunde zu Besuch, da saß ich immer noch tränenüberströmt da.

Nun hatte ich nur noch die Versicherung – und das war am Ende meine Rettung. Alles begann 1987: Mein Kollege Mehnert, der als Ingenieur in meiner Abteilung arbeitete, hatte einen Sohn, der plötzlich ganz schwer zuckerkrank wurde. Er musste regelmäßig Spritzen kriegen, was hieß, dass mein Kollege jeden Tag nach Hause gehen musste, um den Jungen zu spritzen. Er wohnte zwar nicht weit, doch das konnte kein Betrieb auf Dauer aushalten. Da er aber in meiner Abteilung war, ließ sich das einrichten. Ich war seine Vorgesetzte, habe mich aber wiederum mit meiner Vorgesetzten abgesprochen, dass ich Herrn Mehnert jeden Tag nach Hause gehen lassen konnte. Dadurch fehlte er immer ein bis zwei Stunden. Um zusätzlich etwas Geld zu verdienen, hatte Herr Mehnert nebenbei noch die Staatliche Versicherung kassiert. Das musste er jetzt aufgeben. Und so fragte er mich eines Tages, ob ich das nicht für ihn übernehmen könne. Na ja, ich habe es gemacht, damit war nicht so viel Arbeit verbunden.

Insgesamt wurden daraus dann doch noch drei Jahre – drei Jahre in der fürchterlich antiquierten Gesellschaft der DDR-Versicherung. Das war gar nicht richtig geregelt, die Leute bezahlten alle irgendwo auf der Sparkasse ihre Haftpflichtversicherung. Und viel war das nicht. Ganz am Anfang, 1987, ging meine Versicherungsvorgesetzte mit mir zu einer jungen Familie, um das Kind versichern zu lassen. Mir gefiel nicht, wie sie die Leute anherrschte, was alles mit dem Kind passieren könnte. Dieser Ton war auch in der DDR nicht üblich. Und es war eine groteske Mischung: Ich lief mit einem kleinen Kasten herum, in dem sich ein nasses Stempelkissen befand, damit die Kunden ihre Marken nass machen und kleben konnten. Die Leute mussten ihren kleinen Beitrag bezahlen für die Versicherung. Das waren so 10 bis 20 Mark der DDR – solange die DDR noch galt. Ich bekam als Vertreterin eine Gruppe zugewiesen, die ich »mein Rudel« nannte und für deren Abkassieren ich etwa 180 Mark im Monat erhielt.

Mein Betrieb, in dem ich nun nicht mehr war, beendete seine Existenz am 3. Oktober 1990. Von nun an war die DDR Geschichte. Jetzt kriegten alle Kollegen ihre Kündigung.

Ich glaube, dass die oberen Kollegen des Betriebs auch eine Abfindung bekamen, doch darüber wurde nicht geredet. Neulich sprach mal Hans Modrow in einer Sendung davon, dass die oberen Etagen der Betriebe, die abgewickelt wurden, Geld bekamen. Und das waren fünfstellige Summen. Die darunter gingen leer aus ...

Es war der völlige gesellschaftliche Umbruch. Und natürlich war es auch persönlich ein starker Einschnitt. Mit dem Aus von Polypack endete auch das jahrelange Verhältnis mit meinem Freund, der in einem Leipziger Betriebsteil arbeitete und dort seine Familie hatte. Er war Patentingenieur, in unserem großen Kombinat war er der einzige Ingenieur für Patentwesen. Wir waren viele Jahre lang ein inoffizielles Paar – aber in größeren Abständen, immer dann, wenn er eine Dienstreise nach Dresden hatte. Etwa 15 Jahre lang ging das – so etwas lief ziemlich gut in der DDR, das war belebend. Manchmal waren wir auch zufällig auf demselben Lehrgang. Doch nun war das für mich vorbei, für ihn aber noch nicht. Er rief noch Jahre lang an und schwieg am anderen Ende, meldete sich nicht.

Für mich war die DDR zu dieser Zeit erledigt – sie war auch aus meinem Kopf draußen. Ich hatte eine neue Aufgabe, und die war schön: Die Allianz übernahm die popelige DDR-Versicherung! Und für mich fing dieser Lebensabschnitt damit an, dass ich die Mitarbeiter, die nun auch aus dem Westen kamen, in die Erfahrungen und die Mentalität der DDR-Bürger einwies. Von der Staatlichen Versicherung aus, denn ich hatte ja seit 1987 die Beschäftigung von Herrn Mehnert übernommen.

Nun, nach der Währungsunion, kauften die Menschen viel, und alle hatten mit einem Schlag etwas zu versichern. Und ich war auf einmal in der Marktwirtschaft tätig. Dadurch verdiente ich im Monat plötzlich 2000 bis 3000 D-Mark, je nachdem, was ich verkauft hatte. Die Allianz war die einzige Versicherung der Bundesrepublik, die in der Lage war, das Geld für die neuen Länder vorzuschießen.

Auf der anderen Seite waren nun die Leute, die alle mit ihrer Versicherung dastanden und nicht wussten, was jetzt wird. Wie an einem Postschalter standen sie in Dresden am Albertplatz an, damals noch Platz der Einheit, wo sich das Haus der Versicherung befand. Das Haus hatte Bullaugen, und dort war ich und bediente die Leute. Es gab jetzt die deutsche Einheit, und alles war anders. Es waren so viele Leute, die sich jetzt neu versichern wollten – da standen immer gleich mehrere von uns Allianz-Leuten hinter Bullaugen und berieten.

Ich bin immer früh und mit Freude zur Arbeit gegangen. Weil ich wusste: Jetzt kommen Leute, die etwas von mir wissen wollen. Ich habe mich selber weitergebildet, was wirklich schwer war, denn ich war ja nun schon sechzig Jahre alt, und es gab viel zu lernen. Ehe ich das überhaupt kapiert hatte, war da plötzlich ein Wust an Formularen, mein Gott. Auf unseren kleinen DDR-Zetteln vorher stand ja nur das Nötigste drauf. Darunter allerdings auch ein wichtiger Satz, nämlich dass die Haftpflicht vom Staat getragen wird. Nun wurde alles ganz detailliert aufgeschrieben, es gab viele Formulare. Aber das mit der Haftpflichtversicherung übernahm der Staat natürlich nicht. Los ging es 1990 mit der Lebensversicherung, Unfallversicherung, Hausratsversicherung und eben der Haftpflicht. Dann kam die Autoversicherung.

Nicht nur für mich war meine neue Arbeit gut, auch für die Dresdner um mich herum war es positiv, dass sie mich hatten. Ich habe nie im Leben jemanden beschissen, auch vorher schon nicht. Und nun drehte ich den Leuten in meiner

Wohnumgebung – die meisten kannte ich ja über die Jahre – niemals etwas an, was sie gar nicht brauchten. Ich empfahl nur das, was sinnvoll war.

Das Gebiet, in dem ich zu arbeiten hatte, war eingegrenzt. Es war eben das Gebiet, in dem ich bereits vierzig Jahre lang gewohnt hatte, meine unmittelbare Umgebung. Ich kannte die Sorgen vieler Menschen, denn die hatte ich ja vorher selbst. Die Kunden waren verunsichert, und mir haben sie vertraut. Ich habe eigentlich keine Fehler gemacht, das merkten sie und lobten mich – und ich hatte dementsprechend immer gute Laune. Bei den Leuten zu Hause wurde ich oft zum Essen eingeladen, was es vorher überhaupt nicht gab. Vorher und nachher … Ein Wechsel in kürzester Zeit.

Es konnte sich ja vorher keiner vorstellen, dass man plötzlich in einem neuen System war – auch ich nicht. Ständig fragte ich meine Vorgesetzte etwas, die auch aus der DDR kam, und zwar aus dem Norden – die hatte so einen schönen Dialekt. Und es waren Leute aus der Bundesrepublik da, die uns berieten, also von der Allianz. Eigentlich lief das gut miteinander. Es war wie Abendschule: Beratung und Belehrung, ich war voll beschäftigt. Da ich vorher Abteilungsleiter war und ein Fernstudium hatte, war mein Kopf auf Denken gepolt.

Ich musste die Leute so beraten, dass sie möglichst wenig Geld ausgaben und viel dafür kriegten. Das habe ich getan, auf ehrliche Art. Ich wurde gebraucht. Sie kamen abends zu mir nach Hause, um mich nach diesem oder jenem zu fragen. Ich habe die Blätter alle hergenommen und gelesen – das ganze umliegende Viertel in Dresden-Wilder Mann hatte ich ab jetzt zu betreuen!

Ich kannte den Laden nun ein wenig und wollte eigentlich so langsam Schluss machen und in Rente gehen. Doch die

Allianz hatte zu der Zeit noch zu wenige Leute im Osten, die sich mit der neuen Versicherung auskannten ... und nun habe ich noch mal richtig losgelegt.

Und der Verdienst? Plötzlich kriegte ich per Post Tabellen geschickt, auf denen sich verschiedene kleine Abschnitte und Kästchen befanden, die ich noch nicht kannte – das waren viele Blätter. Und unterm Strich kam eine Summe heraus, etwa 2200 D-Mark. Da fragte ich meine Inspektorin, die Frau aus dem Norden: »Was is'n das, was soll ich'n jetzt hier machen?« »Na, das ist Ihr Geld!«, antwortete sie. Das war also mein Verdienst ab 1991. Ich ging nach Hause und dachte: Das ist jetzt ein bisschen wie bei Frau Holle: erst diese herzlose Kündigung nach vierzig Jahren in einem Betrieb und dann dieser Geldregen!

249 Millionen hat die Allianz dafür ausgegeben, die DDR-Bürger mit reinzunehmen – das ist die Summe, an die ich mich erinnere. Plötzlich standen Automaten da, Drucker – keine alten Maschinen, wie wir sie gewohnt waren. Spezielle Papiere mit Tabellen, die Mitarbeiter waren mehrere Schritte weiter mit der Technik.

Ich gehöre zur ersten Generation von DDR-Werktätigen. Wir werden immer weniger. Eigentlich sind wir die Erziehungsprodukte zweier Systeme, doch vor allem sind wir vom Aufbauprogramm Walter Ulbrichts geprägt. Unseren BDM-Schwung hat die Partei problemlos in einen FDJ-Schwung verwandelt. Jung und dynamisch, wie wir in den Fünfzigerjahren waren, ergriffen wir die ausgestreckte Hand der Partei; das Bewusstsein der »Frau im Sozialismus« wurde uns anerzogen – und deren Auftrag hieß Berufstätigkeit.

Die Frauen meiner Generation lassen sich wohl nur darüber begreifen: über unseren Aufbauschwung und den enormen

Kraftaufwand, mit dem wir uns der Doppelbelastung stellten. Wir hatten ein Arbeitspensum zu bewältigen, das man sich heute nicht mehr vorstellen kann. Ab 6 Uhr kamen die Kinder in die Krippe, in den Kindergarten, in den Hort. Im Betrieb standen wir »unseren Mann«, danach hasteten wir mit den Kindern in irgendwelche Läden, weil es in der DDR ja wenig gab, und das Wenige lag nicht gerade auf dem Präsentierteller. Die Erschöpfung beendete unseren Werktag. Kosmetik? – So etwas gab es erst nach dem Mauerfall.

Ich, nein, wir hatten zwei Kinder, doch irgendwann kam die Scheidung. 1953 musste mein Mann aus politischen Gründen ins Gefängnis. 1966 mussten auch mein Sohn und seine Freunde für Jahre ins Gefängnis, weil sie der Polizei ihre Beatles- und Stones-Texte nicht aushändigen wollten. Dazu kam seine Staatsverleumdung. Meine Tochter unternahm daraufhin einen Fluchtversuch, der scheiterte. Also musste auch sie ins Gefängnis …

Es gab eine Zeit, zu der meine Kinder gleichzeitig im Gefängnis saßen, das war in den späten Sechzigerjahren. Mein Sohn musste vier Jahre im Gefängnis in Bützow verbringen, er hat sich später, noch zu DDR-Zeiten, das Leben genommen. Und meine Tochter saß wegen DDR-Flucht ein – zunächst in Rostock und Stralsund, dann in Dresden.

Einmal bin ich mit dem Zug nach Bützow gefahren, zu einem halbstündigen Sprecher mit meinem Sohn, natürlich unter Bewachung. Von dort aus fuhr ich dann mit dem Zug nach Stralsund, um meine Tochter im Gefängnis zu besuchen – Sprecher waren ja nur einmal im Vierteljahr möglich. Danach war ich so kaputt, dass ich in Dresden fast das Aussteigen verpasst hätte. Das war einer meiner trostlosesten Tage. Zwanzig Jahre später – meine Tochter kam wieder ins

Gefängnis, diesmal mit ihrem Mann, dem Liedermacher Stephan Krawczyk – durfte ich noch nicht mal meine 15-jährige Enkeltochter zu mir holen, die ja plötzlich allein in Berlin war. Nein, dieser Staat war ganz abscheulich. Doch meine Kollegen im Betrieb, die haben das nicht mitgemacht, dort wurde ich wertgeschätzt, vor allem wegen meiner Arbeit.

Als die Mauer fiel, war ich ein glücklicher Mensch. Jetzt waren wir endlich frei, und es konnten keine Verhaftungen aus politischen Gründen mehr passieren. Nur mein Sohn war tot, er hat die Demokratie nicht mehr erlebt.

Meine Kollegen aus dem Betrieb konnte ich schon bald anrufen, denn wir bekamen endlich auch Telefone, die ganze DDR wurde verkabelt. Das hat uns allen gutgetan, so blieben wir in Kontakt. Viele haben ihre Arbeit verloren und fanden dann auch keine Arbeit wieder, das hat geschmerzt. Ich aber war glücklich mit meinem Versicherungskrempel. Vor allem hatte ich nun das Geld zum Reisen.

Meine erste Reise ging nach Paris, zu meinem Geburtstag im Sommer 1990, zusammen mit meiner Tochter – und das war unheimlich schön! Es war Sommer, man saß vor den Restaurants, kleine Tische und Stühle wurden rausgestellt. Und Menschen spielten etwas, um Geld zu sammeln. Es war brütend heiß, vielleicht 36 Grad, und einer machte sich selbst zum Bild. Er stellte sich, den Bilderrahmen um seinen Kopf, vor die Gäste, hatte norwegisch gestrickte Sachen an. Ich fand, das war eine angenehme Darbietung. Dann gab es eine ganze Truppe in langen, blauen Kleidern: Die hatten einen Teppich ausgebreitet, dann machten sie darauf einen Tanz, wie Kinder … Daran erinnere ich mich bis heute. Gefrühstückt haben wir mal im Jardin du Luxembourg mit einem großen Korb, und da kam dann auch noch meine Enkeltochter Nadja mit ihrem damaligen Freund dazu ... Auf den Treppen des Sacré-Coeur stand ein alter Mann, der plötzlich seinen Arm hob, und lauter kleine Vögel setzten sich darauf und blieben sitzen.

Meine Hauptreise führte mich später nach Spitzbergen, das war das absolute Highlight, mit dem Schiff über Tromsø. Die Besatzung betrug 120 Mann, und wir waren nur 172 Reisende. Die haben wunderbares Essen gekocht, das waren fast alles Letten. Die waren ja jetzt auch frei ...

1998 wurde ich dann von der Allianz verabschiedet, mit einer kleinen Feier, da war ich fast siebzig Jahre alt.

———————

Editha Krummreich wurde 1929 als Tochter einer Köchin in Dresden geboren, wo sie ihr ganzes Leben wohnte. Nach dem Krieg war sie Trümmerfrau und Hofarbeiterin in einem Werk für Verpackungsmittel. Dort wurde sie aufgrund ihrer Leistung immer gefördert: Arbeitsnormen, Meisterstudium, Fernstudium für Ingenieurökonomie, Leiterin für wissenschaftliche Arbeitsorganisation. Sie war nie Mitglied einer Partei. Im vereinten Deutschland war sie Mitarbeiterin bei der Allianz-Versicherung, bis sie fast siebzig Jahre alt war. Mit einigen ihrer Kollegen aus ihrem alten Betrieb trifft sie sich auch heute noch.

Die Berührungsängste der Familie
am Nebentisch

Helga Druxes

Ende Mai 1990 flog ich zum zweiten Mal nach Berlin. Wie anders war die Atmosphäre noch im Sommer zuvor gewesen, als ich mit einer Gruppe amerikanischer Germanisten zu einem Landeskunde-Seminar dorthin kam. In Ost-Berlin waren viele wütend über den Wahlbetrug der SED, die behauptete, 95 Prozent der Wähler hätten für sie gestimmt, obwohl doch jeder wusste, dass es große Unzufriedenheit im Lande gab. Unsere Gruppe machte einen Tagesausflug nach Ost-Berlin, uns wurde zuallererst bei einer Pflichtveranstaltung im Haus des Lehrers erzählt, dass soziale Probleme wie hohe Kriminalität, Alkoholismus – auffälligerweise wurde in dieser Reihe auch Homosexualität benannt – alles »reine Westphänomene des Kapitalismus« seien. Das war im Mai 1989. Ich hielt mich bedeckt, gab mich lieber nicht als Westdeutsche zu erkennen. Unten vor der Tür sprach uns ein junger Mann mit beeindruckend langen, roten Haaren und schwarzer (wie sich herausstellte, selbst genähter) Kunstlederhose an. Er hatte uns gleich an Kleidung und Schuhwerk als Westler erkannt, bot uns an, er werde uns bis Mitternacht das inoffizielle Berlin zeigen. Ungefähr zehn von uns zogen dann mit Siggi Schefke durch Berlin. Er nahm uns mit in die Umweltbibliothek und abends zu einem Konzert in den Treptower Park, wo viele Jugendliche Siggi schon kannten. Da sah ich auch zum ersten Mal Stasi-Männer in ihren hellgrauen Jacken am Rande stehen und die Szene beobachten. Am Mittag zuvor bestellten wir Fisch bei einer Nobeladresse in Mitte, dem Haus des Meeres, mit seinem auffälligen Mosaik von Meerestieren. Wie gut erinnere ich mich an die Bedrückung, die Berührungsängste der Familie am Nebentisch! Sie waren aus dem Süden der DDR zum ersten Mal in die Hauptstadt gereist, um sich einmal umzugucken. Während wir uns mit unserem Tagesvisum frei bewegen konnten, fühlten sie sich ständig beobachtet. Es wurde auch schnell deutlich, dass es Versorgungsengpässe gab: Das meiste auf der Speisekarte war »heute aus«. In einer Straße in der Nähe des Kollwitzplatzes sah ich die Auslage eines Konsums, wo Zitronen zu einer imposanten Pyramide gestapelt lagen. Als ich neugierig reinging, um mich umzusehen, war aber klar, es gab nur Äpfel und Zitronen, sonst nichts. Das Konzert später bot eine Rockband aus England, sie hießen so ähnlich wie Tina and her Teddy Bears. Die Mitglieder warfen lässig Pfundscheine unter die Jugendlichen, sie schrien: »Here's some real money.« Das kam nicht gut, zeigte die Überheblichkeit von so vielen aus dem Westen. Ich habe mich dafür geschämt.

Siggi erzählte von Konfrontationen zwischen den Friedensprotestlern und anderen dissidentischen Gruppen aus der Zionskirche und der Polizei, die die Räume der Umweltbibliothek durchsucht und ihren einzigen Computer mit den Adressen beschlagnahmt hatte. Ich kaufte Siggi ein Exemplar der »Umweltblätter«, einer Samisdat-Zeitung, ab, um es meinen Studenten in den USA zeigen zu können. Darin fand sich unter anderem ein persönlicher Essay von Salomea Genin, die als junge Kommunistin aus Australien in die DDR eingewandert war, über ihre langjährigen Erfahrungen mit Antisemitismus in der DDR, worüber man offiziell nichts erfuhr.

Und Daten zu den Messungen von verschmutzter Luft und Wasser in der Industriezone Bitterfeld. Sowie die polizeiliche Aufforderung, die ein Kneipenwirt zugestellt bekam: Er solle sofort anrufen, wenn sich eine Gruppe von vier oder mehr Jugendlichen in Punk-Kluft bei ihm sehen ließe. Dann würde die Polizei kommen und sie mitnehmen. Punks waren den Staatsorganen anscheinend besonders verhasst, noch dazu waren sie leicht an ihrem Äußeren zu erkennen. All das regte mich auf, ich bewunderte die Menschen, die sich trotz dieser Bespitzelung für wichtige Rechte einsetzten. Das wurde auch durch eine Lesung in West-Berlin bestärkt, wo Freya Klier aus ihrem Buch »Abreißkalender« vorlas. Sie beantwortete geduldig Extrafragen, die meine amerikanische Studienkollegin Diane und ich ihr stellten. So begann unsere nun schon jahrzehntelang anhaltende Freundschaft.

Als die Mauer fiel, saß ich mit einer aus der DDR geflohenen Kollegin in der Aula der University of Massachusetts Amherst, wir sahen die Dokumentation »Die Kinder von Golzow«. Jemand unterbrach den Film mit der überraschenden Ansage: Die Mauer ist auf! Für mich war es einfach schön, aber für meine Kollegin Sylvia hieß das, endlich konnte sie ohne Repressalien wieder ihre Familie in Ost-Berlin besuchen. Wenn sie sich bisher treffen wollten, musste das immer in Prag sein. In der DDR galt sie, die Republikflüchtige, als Straftäterin. Als Erstes kauften wir am nächsten Tag eine deutsche Zeitung! Damals gab es ja noch kein Internet. Sylvia bestellte ihrem Vater dann sofort ein Flugticket, damit er sie besuchen konnte. Für sie war dies ein ganz bedeutender Einschnitt: Sie entschloss sich bald, ihre Karriere in den USA an den Nagel zu hängen und zurück nach Berlin zu ziehen, obwohl sie da wieder bei null anfangen musste. Mir selbst als Westdeutscher ging es ja ganz anders, ich war freiwillig und ohne Zwang in die USA gekommen wegen der weniger verschulten, individuelleren Ausbildung. Meine Vorstellungen hatten sich aufs Beste erfüllt. Ich hatte damals nicht wirklich genug Verständnis für ihr Heimweh, heute in Zeiten von Trump schon eher.

Im April 1990 hatte ich die Gelegenheit, Siggi ans Williams College einzuladen, später mehrmals Freya. Als Siggi kam, brachte er viele großformatige Schwarz-Weiß-Fotos mit, die er in der DDR aufgenommen hatte. Wir hängten sie an Wäscheleinen quer durch den Raum. Siggi erzählte von seinem spannenden Abenteuer mit Aram Radomski auf einem Kirchendach in Leipzig, von wo aus sie die große Protestdemo am Leipziger Ring filmten. Gleichzeitig mit seinem Besuch erschien auch ein Bericht über ihre Aktion in den Westmedien. Siggi rief mal als Erstes seine Oma in der DDR an, um ihr zu sagen, er stehe in der Zeitung. Er inspizierte auch unseren Kühlschrank, wo er Spuren von kapitalistischer Verschwendungssucht in einem Gefrierhuhn ausmachte. Wann wollten wir das denn essen? Warum bunkerten wir überhaupt mehr, als wir im Moment zu essen brauchten? Er erklärte aber auch, er sei durchaus fähig, in der neuen kapitalistischen Welt, die jetzt komme, mitzuhalten, dass es ihn ein bisschen reizt, zu beweisen, das kann er auch.

Ich habe mich 1990 sehr dafür interessiert, was nun weiter politisch passiert. Sicher auch, weil ich jetzt ein paar Menschen aus Ostdeutschland persönlich kannte. Leider wurde schnell deutlich, dass das Neue Forum an den Rand gedrängt, die DDR-Bürger mit Westparteienpropaganda zugekleistert wurden. Kohl versprach, den Lebensstandard im Osten innerhalb von fünf Jahren auf Westniveau zu heben. Nach einem Ausflug mit West-Berliner Freunden im Juni 1990 ins Kloster Chorin über die schlecht gepflasterten Straßen, über die man nur mit 25 Kilometer pro Stunde holpern konnte, wurde mir klar, so rapide kann das unmöglich gehen.

Wir kamen auf diesem Ausflug an Eberswalde vorbei. Der Stadt, wo später am 6. Dezember 1990 der Angolaner Amadeu Antonio Kiowa beim Verlassen einer Kneipe von fünfzig Neonazis attackiert und zu Tode getreten wurde. Das war der Auftakt einer Welle von rechtsextremer Hasskriminalität in beiden Teilen Deutschlands, rassistische Gewalt, die sich bis heute immer noch in feigen Morden und Mobmentalität gegen Geflüchtete entlädt. Ich sprach damals darüber mit meinem Vater in Wuppertal. Er meinte bedrückt: »Jetzt schwappt die ganze braune Soße wieder hoch.«

Mein Vater, Jahrgang 1922, war direkt nach seinem Abitur als Funker zur Nazimarine eingezogen worden. Seine Familie und er hatten aber wirklich Glück, er überlebte den Krieg unverletzt, sein Elternhaus blieb unversehrt, während die Häuser im Tal zerbombt wurden. Er wurde 1940 nach der Naziinvasion von Holland bei einem zweiten Landgang in Amsterdam, wo sein U-Boot gedockt hatte, mit einer »Säuberungsaktion« der SS im jüdischen Viertel unweit des Hafens konfrontiert. Zwei bewaffnete SS-Männer zwangen alte Juden, auf den Knien mit Zahnbürsten das Kopfsteinpflaster zu schrubben. Er wusste, das ist ganz furchtbar, wollte eingreifen. Stattdessen standen er und ein Kollege in einem Torbogen einer Lagerhalle und sahen zu. Dass er gar nichts dagegen unternommen hat, obwohl er genau wusste, das ist unmenschlich, das hat ihn verfolgt. Als er alt war, hat er die Geschichte meinem Mann erzählt und auch aufgeschrieben. Damals aber schickte er seinen Eltern ein winziges Leica-Foto von einer Weihnachtsfeier auf dem U-Boot, wo die Kajüte mit Tannenzweigen und Hitlerbild geschmückt war. Alle saßen mit Alkohol in ihren Naziuniformen am Tisch und feierten. Auf die Rückseite schrieb er mit feinem Bleistift: »Die sind fast alle Verbrecher.« Das Foto habe ich heute noch. Meine Oma gab es mir mit seinen Briefen aus dem Krieg, als ich als Teenager aufgewühlt mit Fragen zu ihr kam, weil weder mein Vater noch meine Mutter, beide Gymnasiallehrer, mit mir über ihre Erfahrungen reden wollten. Meine Mutter ohrfeigte mich sogar, als ich verstört aus dem Geschichtsunterricht nach Hause kam, wo wir gerade die Dokumentation »Ich trug den gelben Stern« über die KZs gesehen hatten. Sie sagte, ich hätte ja damals nicht gelebt, das könne ich nicht verstehen, wie es sich angefühlt habe. Für sie war der NS-Arbeitsdienst eine tolle Zeit der Befreiung aus ihrem kleinen Dorf: nette Kameradschaft mit anderen jungen Frauen, Reisen von Pommern bis nach Litauen, als sie von Oktober 1941 bis 1942 zur Erntehilfe und als Helferin der Bauersfrauen eingesetzt war. Meine Mutter hatte in dieser Zeit auch in einem Naziausbildungslager, in Sennelager, Schreibmaschine gelernt. Ich frage mich allerdings heute, was genau sie wohl getippt hat. Deportationslisten? Sie war zuletzt in Kaunas gemeldet, bevor sie ihr Lehrerinnenstudium an der Universität Marburg aufnahm und dann den Rest des Kriegs dort an einem sprachhistorischen Institut arbeitete. In ihrem Fotoalbum aus der Arbeitsdienstzeit sind viele Fotos herausgerissen. Vermutlich zeigten sie Leute in Naziuniform. Na ja, ein überzeugter Nazi war mein Vater wohl nicht. Statt sich aber nach dem Krieg politisch zu engagieren, wurde er ein Eigenbrötler, der Gesellschaft außerhalb von Familienfeiern mied.

Jedenfalls begrüßte er 1990 das Aufleben der Neonaziattacken überhaupt nicht, er sah klar, das war nicht nur ein Ostphänomen. Wir Deutschen hatten die Naziideologie als solche insgesamt immer noch nicht zur Genüge verarbeitet, jede neue Generation muss es tun. Auch in Wuppertals Nachbarstadt Solingen sollte 1993 ein infamer Brandanschlag von Neonazis passieren, wobei sechs Frauen und Kinder der türkischen Familie Genç qualvoll ermordet wurden. Eigentlich wird es heute manchmal so verzerrt erinnert, als ob die Neonazis in erster Linie im Osten aktiv waren. Tatsächlich wechselten die Attacken aber ab zwischen Ost und West. Mölln und Hünxe lagen ja im Westen. Rostock und Hoyerswerda im Osten. Der Nationalsozialistische Untergrund (NSU), der mit seiner landesweiten Mordserie und drei Bombenattacken zehn lange Jahre unerkannt blieb, hatte Verbindungen sowie aktive Unterstützer in der südwestdeutschen Neonazi-Musikszene und, viel skandalöser, auch bei der Frankfurter Polizei. Die amerikanische Neonaziorganisation Blood & Honour schickte jemand aus Virginia dorthin, um zu rekrutieren. Als die Medien all dies endlich ans Licht brachten, war der Vorgang verjährt, man konnte die drei Polizisten nicht mehr effektiv gerichtlich belangen. Trotz des langen NSU-Prozesses gegen Beate Zschäpe sind hunderte Unterstützer dieser Terrorzelle nicht bestraft worden.

Anfälligkeit für rechtspopulistisches Gedankengut findet sich in Ost und West, bei Menschen, die im Fall von Arbeitsverlust einen rapiden sozialen Statusverlust fürchten. Darüber denke ich oft nach.

Wie anders war meine freie Entscheidung, in die USA auszuwandern: Ich hatte damals so viele Privilegien und genieße sie immer noch! Deshalb bin ich heute so beeindruckt von Geflüchteten, die ich zum Beispiel bei Neue Nachbarschaft Moabit treffe. Da engagieren sich neue und alteingesessene Berliner jeder Provenienz. Sie machen zusammen Kunst, lernen die Sprache(n) des anderen, kochen zusammen, machen Musik – das alles schon seit acht Jahren, weitgehend finanziert aus Eigeninitiative. Die Gründerin, Marina Naprushkina, ist eine Künstlerin aus Weißrussland, die dort wegen ihrer dissidentischen Aktivitäten bedroht wurde und in Deutschland politisches Asyl bekam. Ich kann mich bei dieser Initiative nicht selbst aktiv beteiligen, weil ich ja nie lange genug in Berlin bin. Aber aus meinem College in Massachusetts vermittle ich der Neuen Nachbarschaft jeden Sommer einen Studierenden als Volontär.

Was ich aus meinem Geschichtsunterricht damals in den Siebzigerjahren gelernt habe, ist, genau auf den politischen Diskurs zu achten. Horst Lange, unser Lehrer, behandelte uns als Erwachsene. Er schickte uns in die Unibibliothek, um zu recherchieren. Er machte uns aufmerksam auf Nazispuren in Wuppertal. Dass unser NS-Sammellager Kemna hieß oder unser Kunstmuseum, das Von der Heydt-Museum, nach einem Naziindustriellen benannt ist. Herr Lange tippte schier endlose Matrizen ab mit NS-Reden und Propaganda, sodass wir sie zusammen analysieren konnten. (Er tat das auch für andere Perioden aus der deutschen Geschichte.) Er gab uns Victor Klemperers zuerst 1947 erschienenes kurzes Buch »LTI. Die Sprache des Dritten Reichs, Notizbuch eines Philologen« zu lesen. Für mich war es ganz wichtig, Menschen wie ihn als Vorbilder zu entdecken.

Auch unsere Deutschlehrerin Frau Hoyer brachte die Analyse von politischen Reden und Einstellungen ins Klassenzimmer. Manchmal wurde es mir fast ein bisschen viel, wie oft wir Brandt-Reden analysieren mussten. Unsere Lehrerin verehrte zu Recht Willy Brandt. Das war neu, denn bei mir zu Hause war das gar nicht der Fall. Da Brandt während der

NS-Zeit im Exil war, während mein Vater gegen seinen Willen eingezogen wurde, hatte er irgendwie einen Rochus auf ihn. Er dachte, Brandt hätte Freiheiten genossen, die er selbst gerne gehabt hätte. Mein Vater wählte CDU, obwohl er uns im Alltag halb im Scherz, halb im Ernst oft mit dem KPD-Gruß »Rotfront« begrüßte. Für ihn hatte es eher etwas mit Widerborstigkeit statt mit tatsächlicher Sympathie für die KPD zu tun. Er trug auch im Alter gerne eine Kunstlederjacke und dazu eine Schiebermütze, die ihm einen leicht verwegenen Anstrich gaben. In diesem Aufzug hat er mich mal Mitte der Siebzigerjahre in Münster besucht, wo ich ein halbes Jahr zur Untermiete in einer feinen Gegend wohnte. Wir saßen da und tranken Kaffee, als die Polizei schellte. Warum? Es war nach dem Deutschen Herbst, die Vermieter waren nervös und sahen Terroristen hinter jeder Ecke. Das hing auch damit zusammen, dass Ulrike Meinhof in Münster studiert hatte und man in dem eher beschaulichen Münster sonst nicht viel Aufregendes erlebte. Jedenfalls stellte sich das vermeintliche konspirative Treffen als Elternbesuch heraus. Warum ich das jetzt erzähle? Es ist so leicht, andere nur nach dem Äußeren zu beurteilen, ruckzuck ein Werturteil zu fällen. Aber so oft liegt man damit falsch.

Zurück zu 1990. Nachdem die erste Euphorie verpufft war, fing es an, dass Abwertungen kursierten: Sogenannte Ossis seien zu langsam; ihre berechtigten Einwände gegen die rasend schnell vollzogene Vereinigung wurden manches Mal als Jammern abgetan. Umgekehrt gab es das Zerrbild vom Besserwessi, der sich rücksichtslos vordrängt und seine Agenda durchsetzt. Schade ist, dass nicht viele Westdeutsche sich dafür interessiert haben, Menschen im Osten zu besuchen und kennenzulernen. Selbst 25 Jahre nach der Vereinigung fuhr nur jeder fünfte

Westler in den Osten, um dort die Menschen zu treffen. Wenn man aber auf Augenhöhe konkrete Erfahrungen mit anderen machen kann, ist man deutlich weniger gegen diese Gruppe voreingenommen. Die Soziologen nennen das Kontaktthypothese. Es regt mich auf, wie leicht wir in solche abgegriffenen Muster von Freund-Feind-Denken zurückfallen. Apathie und Desinteresse gegenüber politischen Prozessen sind gefährlich. Ehe man sich versieht, kann man in einer schleichend eingeführten Diktatur landen. Das ist eine Lektion, der wir gerade in meiner Wahlheimat, den USA, dringlich ausgesetzt sind.

———————————

Helga Druxes, geboren 1959 in Wuppertal. Studium in Münster und am Wellesley College, USA, Ph. D. in Komparatistik, Brown University. Seit 1987 unterrichtet sie Deutsch, Deutsche Sozialgeschichte der Nachkriegszeit und Komparatistik am Williams College. Mit Mann und Sohn lebt sie in Vermont. Publikationen u. a. zu den Schwerpunkten Rechtsextremismus und Integration mit Patricia A. Simpson, Hg.: »Digital Media Strategies of the Far Right Across Europe and the United States«, (2015); »Pegida«, in »German Politics and Society« (Winter 2016). Mit Karolin Machtans u. Alexandar Mihailovic: »Navid Kermani« (2016).

Werkzeuge nach Erfurt

Gesine Keller

Während ich dies schreibe, nähert sich das erste Osterfest, zu dem Christen weltweit keine Kirchen besuchen werden. Die Corona-Pandemie geht um, unser »Wortkino«, die Bühne von »Dein Theater«, ist geschlossen, und wir können im Moment nur im Freien auftreten. Ein historisches Ereignis, das noch eine ganz andere Tragweite hat als der Mauerfall und das darauffolgende Jahr 1990.

»Dein Theater« wurde 1984 in Stuttgart gegründet. Wir waren damals eine Gruppe von etwa 25 jungen Leuten zwischen zwanzig und 27 Jahren, die alle ein Interesse an Theater hatten, gleichzeitig aber auch nach unkonventionellen Lebens- und Arbeitsformen suchten. Lebenskunst, das schwebte uns vor, Leben und Arbeiten verbinden, gleichzeitig waren wir fasziniert von unserem Firmengründer Friedrich Beyer, der sich gerade vom staatlichen Theater verabschiedet hatte und der Theater als echtes Handwerk propagierte. Unser Interesse galt von Anfang an Texten und Liedern, die unserem Bedürfnis nach Lebensbewältigung, nach der Beantwortung unserer Fragen entgegenkamen. Wir bemühten uns darum, einem möglichst breiten Publikum, zunächst nur in Baden-Württemberg, substanzielle Inhalte mit volkstümlichen Mitteln nahezubringen. Früh traten neben den Klassikern und Romantikern der deutschen Lyrik auch jüdische Dichter in unsere Wahrnehmung. Wir beschäftigten uns mit dem Alten und Neuen Testament als Grundlage unserer Kultur und überprüften alte Texte auf ihre gesellschaftsrelevante Aussagekraft. Schon bald führten wir im Untertitel das Firmenziel »Theater auf Bestellung«. In einer frühen Kritik wurden wir mal »das Theater mit gesundem Menschenverstand« genannt.

Ich erzähle das, damit verständlich wird, warum der Mauerfall solch starke Wirkung auf uns hatte und zu einem lebensprägenden Engagement in den folgenden Jahren führte, wofür das Jahr 1990 die Initialzündung darstellte.

Nachdem die ersten Wochen nach dem Mauerfall vergangen waren und uns klar geworden war, dass sich zu unseren Lebzeiten ein historischer Umbruch abspielte, der unmittelbar an das Schicksal unserer Eltern als Kriegskinder anschloss, stellte sich in einer Probe für eine Silvesterveranstaltung Ende Dezember 1989 die Frage: Und wir? Was denken wir darüber? Welche Bedeutung hat der Mauerfall eigentlich für uns? Und wie verhalten wir uns als Kulturschaffende zu diesen Ereignissen?

Diese Frage fiel bei mir auf fruchtbaren Boden. Die Geschichte meines Vaters und meines Großvaters, des Vaters meiner Mutter, ist mit dem russischen Lager Buchenwald, mit den Waldheim-Prozessen und dem Gelben Elend, dem Zuchthaus von Bautzen verbunden. Für mich war der Mauerfall die Gelegenheit, mir einen Teil meiner Geschichte zurückzuerobern, einen Bezug zum sächsischen Teil meiner Herkunft, eine Form von Heilung, eine Verbindung zu denen, die auch immer irgendwie zu mir gehört hatten, wiederherzustellen. Eine Reise mit meinen Eltern in die sich schon über Ungarn mehr und mehr entleerende DDR zur Familie eines Mithäftlings meines Vaters lag gerade mal vier Monate zurück, als die Mauer fiel. Ich war mit meinem Vater, der als ehemaliger Häftling in diesem Sommer 1989 erstaunlicherweise eine Einreiseerlaubnis bekommen hatte, auch nach Bautzen gefahren. Dort zeigte er mir (noch sehr auf Unauffälligkeit bedacht und nur von Weitem) die Fenster des sogenannten »Konstruktionsbüros«: Hier hatte er von 1954 bis zu seiner Entlassung im Juni 1956 gearbeitet. Da er vor seiner Verhaftung bei seinem Vater eine Lehre als Grafiker begonnen hatte, lag es nahe, dass er im Konstruktionsbüro, wo nun plötzlich das Firmenwissen aller dort arbeitenden Häftlinge zusammenfloss, praktisch eine vollgültige Ausbildung zum technischen Zeichner erhielt. Mit Stolz zeigte mir mein Vater später die Veröffentlichungen seiner Zeichnungen in einem technischen Buchverlag der DDR. Doch ich greife vor.

1959 wurde ich als erstes Kind meiner Eltern in Hamburg geboren. Mein Vater Svend war damals noch Student, obwohl schon 1928 geboren. Sein Leben hatte eine Scharte erhalten, weswegen er sich immer »Jahre zu spät« fühlte: Als kleines Kind nach Sachsen »importiert«, hatte mein Vater den Krieg als Teil des letzten Aufgebots in Chemnitz überstanden, nicht ohne »Flak« und auch nicht ohne Marschbefehl der Wehrmacht: Er sollte in zu großer Uniform und schlecht bewaffnet mit ein paar anderen 16-Jährigen nach Norden laufen und dort die Festung Hamburg verteidigen. Er überlebte nach der Festnahme in der Lüneburger Heide als Kriegsgefangener der Engländer und war schon im Sommer 1945 zurück in Chemnitz, wo er als Kind einer kommunistisch eingestellten Hamburgerin der KPD beitrat. Nach der Fusion von KPD und SPD zur SED trat er aus der Partei aus. Wenn er davon erzählte, pflegte er im Chemnitzer Slang zu sagen: »Dieselbe Scheiße in Rot, die wir gerade in Braun hatten, nä …« Ende April 1948 erhielt er die Bestätigung seines Parteiaustritts. Am 9. Februar 1950 wurde er im Haus seiner Eltern in Chemnitz von der sowjetischen Geheimpolizei verhaftet und im Gefängnis Kaßberg in Chemnitz festgehalten.

Sein Urteil lautete: 25 Jahre Zwangsarbeit wegen Gruppen-
bildung und versuchter Spionage; ein Fantasiegebilde. Nie
hat mein Vater den wahren Grund für die Haft erfahren, der
Parteiaustritt scheint im Nachhinein der wahrscheinlichste. Er
kam ins Gelbe Elend nach Bautzen. Dort verbrachte er sechseinhalb Jahre seines Lebens, von 1950 bis 1956: »In den ersten
zwei Jahren meiner Haft war mir jegliche Arbeit verboten, es
folgten zwei Jahre als Hilfsarbeiter im Textillager der Anstalt
Bautzen, schließlich wurde ich Anfang 1954 in das Konstruktionsbüro der Anstalt abkommandiert. In diesem Büro waren
etwa 320 Gefangene beschäftigt, darunter etwa 120 Ingenieure
und Diplom-Ingenieure. Ferner wurden dort von etwa 150
teils beruflichen, teils angelernten technischen Zeichnern alle
in einem Konstruktionsbüro nur denkbaren Arbeiten ver-
richtet. Ich selbst arbeitete hier als Klischeezeichner (Fachbuch-
illustrationen). In den reichlich zwei Jahren, die ich in diesem
Büro verbrachte, fand ich Gelegenheit, mir von der Theorie her
technische Grundkenntnisse anzueignen. Am Tage vor meiner
Entlassung (!) wurde ich von der Arbeitsverwaltung als Leiter
der Gruppe Fachbuchillustration eingesetzt. Am 1. Juni 1956
wurde ich aus der Haft entlassen.« (Aus einem Lebensbericht
meines Vaters.)

Die Haft verbrachte er zum Teil auf Zelle mit wenigen
Menschen oder auch allein, aber auch auf einem Saal mit zum
Teil über 400 Menschen. Ältere Männer mit Lebenserfahrung
und zum Teil auch universaler Bildung wurden für die jüngeren überlebenswichtige Mentoren, wie auch der Vater meiner Mutter, Joachim Pajeken, mein Großvater. Er war am
29. Dezember 1945 in Kavelstorf bei Rostock als leitender
Angestellter eines Rüstungsbetriebs und Mitglied der NSDAP
von Russen verhaftet worden und kam nach einem Aufenthalt

in Fünfeichen nach Buchenwald, wo er von 1946 bis 1948 in einem Betrieb des Lagers als Ingenieur gearbeitet hat. Bis 1950 erhielt meine Großmutter nur sehr sporadisch Nachrichten über meinen Großvater durch entlassene Mithäftlinge. Eine Entlassungswelle verpasste er: Als er zur Entlassung aufgerufen wurde, lag er mit einer Blinddarmentzündung im Lazarett. Die im Lager verbliebenen Häftlinge wurden bei Auflösung des Lagers Buchenwald nach Waldheim gebracht, unter ihnen auch mein Großvater. Zufällig anwesend wurde er im Rahmen der Waldheim-Prozesse zu 18 Jahren Haft verurteilt. Die Haft verbrachte er zunächst in Waldheim, dann in Bautzen. Dort entstand eine Freundschaft zwischen den beiden Männern, zwischen meinem Vater und meinem Großvater. Letzterer wurde Ende 1955 aus Bautzen entlassen und stand buch-stäblich zur Jahreswende seiner Familie in Hamburg gegen-über, während aus dem Radio »Freude schöner Götterfunken« ertönte.

Ich bin also ein Kind der deutsch-deutschen Geschichte, ich bin geprägt von den Geschichten meines Vaters und denen, die ich über meinen Großvater gehört hatte. Mein Vater erzählte nur die, deren Ausgang durch einen gewissen Einfallsreichtum oder Sarkasmus zu einem positiven Ende oder zumindest der kleinen Rache des Häftlings K88E geführt hatten. Was es bedeutet hatte, sechseinhalb Jahre, immer mit der Aussicht auf 25 Jahre Haft im Gefängnis zu sitzen, für nichts, oder besser, weil er der kommunistischen Linie, die angesagt war, nicht entsprach, das konnte ich nie wirklich nachempfinden. Es hat sich mir gegenüber aber in seiner gro-ßen Angst niedergeschlagen, die später zum Ausdruck kam, als die Jugend meiner Generation in den Dunstkreis unter-schiedlichster politischer Bewegungen kam. Beide, mein Vater und mein Großvater, wurden 2009 posthum von russischen Behörden rehabilitiert. Diese familiäre Prägung führte dazu, dass ich die Frage, was wir denn nun als Westdeutsche tun sollten, unmittelbar auf mich bezog.

Zwei Wochen nach dem Jahreswechsel 1989/90 flog ich nach West-Berlin, in der Tasche einen Brief an Gregor Gysi, der auf dem Sonderparteitag der SED-PDS am 8. Dezember 1989 zu deren Vorsitzendem gewählt worden war. Teile des Ensembles hatten nach vielen Gesprächen einen Brief an ihn formuliert, Gedanken aus einem künstlerischen Umfeld, die ich ihm gerne persönlich übergeben wollte. Dazu ist es dann nicht gekommen. Ob er den Brief, den ich bei seiner Mutter ließ, die ich mehrmals besuchte, jemals erhalten hat, weiß ich nicht. Sie hatte es mir aber versprochen. Bis heute sind mir diese drei Tage, auch durch ein minutiöses Protokoll, das ich allabendlich anfertigte, in intensivster Erinnerung: das Berliner Kolorit, die Suche nach Herrn Gysi während der Kundgebung für Liebknecht und Luxemburg in Friedrichsfelde (mit Feuerschalen, sehr viel Fahnen links und rechts und Defilee zum Adagio von Albinoni), der Grenzübergang am Bahnhof Friedrichstraße (mit Geldumtausch), dieses peinliche Auffallen als Westdeutsche, weil ich das Ende einer Warteschlange nicht sofort erkannt hatte (»Imma schön anstelln, wia machen ooch nich jleich ne Pollonaise«), und das Gespräch mit einem Taxifahrer über »die Firma« (Stasi) und die PDS (*Praktisch Det Selbe*).

Einige der Punkte aus dem Brief an Gregor Gysi:
* Machen Sie es gemeinsam mit allen anderen Parteien und Gruppierungen. Dazu alle finanziellen Zugeständnisse (Gelder aufteilen!)

- Schlagen Sie vor, jedem Funktionär oder Amtsinhaber eine Bürgerin oder einen Bürger an die Seite zu geben.
- Schlagen Sie vor, Personen oder Personengruppen wählen zu lassen, damit Chancengleichheit entsteht.
- Veröffentlichen Sie alles. Sachlichkeit ist Humanität.
- Das Fundament für Frieden sind Menschen, nicht Parteien.
- Veranlassen Sie *alle*, auf Rache und Bestrafung zu verzichten.
- Veröffentlichen Sie alle Stasiakten. Wörtlich: Stellen Sie sie auf die Straße und lassen Sie sie lesen!
- Vergessen Sie die Frauen nicht, die Kinder, es fehlt das Gemüt!
- Lesen Sie Schiller. (Das Theater als moralische Anstalt. Don Carlos, 3. Akt, 10. Auftritt.)

Vielleicht ist Ihr Land wandlungsfähig (?), was im Westen im Moment kaum möglich scheint. Die alte Struktur des Gehorchens darf nicht in die neue Gedankenkultur mitgenommen werden. Der einen Partei gehorchen oder Konzernen, das ist dasselbe.«

Wenige Tage nach meinem Berliner Abenteuer fuhren wir am 16. Januar 1990 mit einigen wenigen Requisiten und den nötigsten Übernachtungsutensilien mit dem Zug nach Dresden, Leipzig, Weimar und Erfurt. Die Adressen der Leute, an die wir uns wenden wollten, stammten alle aus unseren kirchlichen Kontakten, entweder aus dem Netzwerk der Stuttgarter Stadtmission, oder aus dem Arbeitskreis Kirche und Theater, dessen Mitglied ich seit 1987 war, ein grenzüberschreitender Arbeitskreis, durch den ich schon Verbindung zur Leipziger Spielgemeinde hatte. Die zahllosen Kontakte, die wir auf dieser etwa siebentägigen Reise knüpften, halten zum Teil bis heute. In Dresden übernachteten wir bei der Familie des Kantors der Kirche im Stadtteil Gruna. In unzähligen Gesprächen konnten wir Hoffnungen und Ängste wahrnehmen, wobei diese ersten Begegnungen auf vielen weiteren Tourneen ergänzt wurden und wir Zeugen der Veränderungen und Umbrüche wurden, die viele zu verkraften hatten. Auf dieser ersten Reise aber dominierte die gegenseitige Begeisterung, das Interesse aneinander, der Respekt, das Staunen darüber, dass wir das wirklich gemacht hatten, einfach anzureisen! Und das Staunen darüber, dass wir einfach ein Bett bekamen, ein Essen! Am späten Nachmittag traten wir während der Stunde der Besinnung in der Kreuzkirche auf, nach der Abendvorstellung (»Anne Frank«) durften wir im Foyer des Theaters der Jungen Generation in Dresden vor etwa 120 zum Teil sehr jungen Schülern spielen. Die überredeten dann ihren Lehrer, uns in ihre Schule einzuladen. Die Gespräche waren unglaublich dicht. Wir hatten Texte und Lieder ausgesucht, von denen wir uns genügend Aktualität versprachen. Auch die Gespräche mit den Schauspielern waren sehr offen und interessant. Viele berichteten von ihrem Werteschock, Orientierungslosigkeit innerhalb des Theaters, von der Unmöglichkeit, das Ensemble zu wechseln. Viel Ratlosigkeit und alle: Nie wieder SED! Aber auch: Keine »Wiedervereinigung«!

Am nächsten Morgen ließ die unterkühlte Rektorin der »Erweiterten Oberstufe Friedrich Engels« die Aufführung in der nur durch die Lampen zweier Projektoren erleuchteten Aula zu, untersagte aber weitere Gespräche im Anschluss. Nach der Aufführung trat eine Schülerin vor und forderte uns auf, das gerade gesungene Lied »Die Gedanken sind frei« noch einmal mit allen zu singen. Anschließend gab es kein Halten mehr, die Schülerinnen und Schüler nahmen uns einfach in ihre Klassenzimmer mit und löcherten uns mit Fragen.

Anschließend nahmen wir an der Schulspeisung teil, sprachen mit dem Küchenpersonal, die älteren Schüler sprachen von ihrer Angst, ihr Leben nun selber steuern zu müssen, die Lehrer fürchteten sich vor Disziplinlosigkeit.

In Leipzig wurden wir bereits erwartet und wohnten bei verschiedenen Leuten, die alle irgendwie mit der Leipziger Spielgemeinde zu tun hatten. Am Abend sahen wir uns dort eine Aufführung an, daraus entstand eine vorsichtige Annäherung, die im Laufe des nächsten Tages vertieft wurde. Am nächsten Vormittag gelang es uns nach einem Gespräch beim Intendanten des Leipziger Theaters Wolfgang Hauswald (»Verrückte Frauen, das kostet mich den Kopf«), einen Aufführungstermin für die »Neue Szene« zu vereinbaren, Heiner Müller hatte für diesen Abend wegen Krankheit abgesagt. Unsere Gastgeberin Katrin Fischer, Sprecherzieherin der Hörspielkinder des Mitteldeutschen Rundfunks, Sprechlehrerin am Leipziger Theater und aktive Regisseurin der Leipziger Spielgemeinde, war da wohl auch aktiv geworden. Im Anschluss an die Aufführung gab es ein Gespräch mit Zuschauern, die Schauspieler Dieter Bellmann und Friedhelm Eberle stellten viele Fragen, sie waren damals beide Ensemblemitglieder. Der Abend war eine Sternstunde der Begegnung auf menschlicher wie künstlerischer Ebene. Interesse und Offenheit auf beiden Seiten.

In Weimar am nächsten Tag musste unser Auftritt sich schon herumgesprochen haben, wir traten nach der Vorstellung von Sartres »Geschlossene Gesellschaft« im Nationaltheater auf und übernachteten in einem kirchlichen Altenheim, dessen Leiter wiederum zu den »Diakonenkontakten« gehörte.

Wieder viel Austausch und die größte Gastfreundschaft. In Weimar freundeten wir uns mit der Schauspielerin Sylvia Kuziemski an, eine Verbindung, die bis zu ihrem Tod bestand.

Und dann übernachteten wir in Erfurt in der Gästewohnung der Stadtmission im Andreasviertel, das damals heiß umkämpft war, es gab eine Bürgerbewegung, die den Abriss dieses Viertels schließlich auch verhindert hat. Dort traten wir, es war inzwischen Sonntag, während eines Gottesdienstes für Gehörlose auf und sahen am Montag einen Teil der unzähligen Kirchen an, bis wir uns dann schließlich auf die Heimreise machten.

Dieser ersten atemlosen Reise folgten im Jahr 1990 zahllose weitere, wir traten in Kindergärten, Altenheimen, Schulen, Kirchen, weiterhin auch in Leipzig im Theater und auf Straßenfesten auf, in Feierabendheimen und »Clubs der Volkssolidarität«, als sie noch so hießen, wir transportierten Werkzeuge, in Stuttgart in einer riesigen Aktion eingesammelt, nach Erfurt, um dort die Notreparaturen an den Dächern der alten Häuser im Andreasviertel zu unterstützen, vor der Wahl zur Volkskammer am 18. März 1990 schafften wir einen Fotokopierer in die Stadtmission in Erfurt, wo wir in der Passionszeit auftraten. Wir traten auf den Veranstaltungen von Dr. Aribert Spiegler für die Neugründung der Universität auf und kamen mit Renate Lichnok zusammen, die dann später das Jugendtheater »Schotte« in Erfurt gründete. Wir organisierten den Transport der gesamten ausrangierten Küche mit Geschirrlaufband und Geschirrspülmaschinen des Stuttgarter Energieversorgers TWS, später auch Pflegebetten mit Rollen in die Medizinische Akademie nach Erfurt, wo wir dann ebenfalls auftraten. Insgesamt haben wir in diesem Jahr etwa 100 Auftritte in unterschiedlicher Besetzung absolviert und in den folgenden Jahren viele Tourneen durch alle östlichen Bundesländer gemacht und weitere Initiativen gestartet.

Die große Nachhaltigkeit für mich persönlich, ein tieferes Verständnis dessen, was an Umbrüchen verkraftet werden musste, aber auch Freundschaften, die, wenn sie nicht der Tod bereits beendet hat, bis heute halten, hatten wir auch unserer Jugend, Ahnungslosigkeit und Naivität, aber auch unserer Vorurteilslosigkeit zu verdanken und, was mich betrifft, diesem starken Wunsch, mich zu verbinden, dieses Stück Heimat meines Vaters für mich zu gewinnen.

———————————

Gesine Keller, geboren 1959 in Hamburg, reiste nach dem Abitur über zwei Jahre durch Europa und Israel, durchlief in Stuttgart ein Studium Generale am Hochschulkolleg und gründete 1981 mit anderen eine private Schauspielschule in Stuttgart. 1984 gehörte sie zum Kreis freier Schauspielerinnen und Schauspieler, die in Stuttgart »Dein Theater« erfanden. Seitdem ist sie freies Ensemblemitglied dieser Kulturfirma. Mit diesem Ensemble trat sie bisher in der Bundesrepublik, der DDR, Österreich, Polen, Rumänien, Norwegen, Luxemburg, Italien und Großbritannien auf. Sie ist verheiratet und hat einen Sohn.

Ein Spitzel muss auch mal
Mitleid haben

Stephan Krawczyk

Für einen Sammler ist die Eröffnung neuer Räume zu alten Zeiten ein Fest. Er tritt ein wie in ein Zauberreich, betastet, wenn er darf, die eigenartigen Formen, riecht am Material, prüft Geschmack und Klang – und kann er dann die ausgelegten Dinge wirklich sammeln, also kaufen und mitnehmen, sitzt er abends inmitten all des Heimgekommenen und freut sich allein – selten kann ein Sammler Freude teilen.

Ich habe Heribert Keil auf einem Flohmarkt kennengelernt vor den Auslagen eines Standes mit Medaillen und Orden aus der DDR. Sein großes Interesse an den Dingen, die mir nur ein müdes Lächeln abringen konnten, der Grund, weshalb ich stehen geblieben war, machten mich auf ihn aufmerksam. Mit Daumen und Zeigefinger hielt er ein »Abzeichen für gutes Lernen in der Schule« am äußersten Rand und betrachtete es wie eine Briefmarke durch die Lupe. Das kobaltblaue FDJ-Hemd funkelte unter der Glasur in der Sommersonne von 1990. Heribert murmelte »1964« und erwarb es für zwanzig DM. Mir schwante ein Geschäft. Hatte ich nicht eine ganze Schachtel voll dieses Zeugs zu Hause liegen – ehrlich erlernt auf sozialistischen Schulbänken? Ein Prachtstück war sogar darunter: der Orden »Für hervorragende Leistungen in der sozialistischen Pädagogik« auf Samt und mit verkleinertem Duplikat für den alltäglichen Gebrauch, während man den Großen zu Anlässen trug, die weit herbeigeholt waren, wie zum Beispiel der 60. Jahrestag der Ruhmreichen Russischen Oktoberrevolution. Dieses Set, für die Leitung eines Jugendchores erhalten, dürfte dem Liebhaber einen Blauen wert sein. Ich stellte mich vor und unterbreitete mein Angebot: echt verliehene Stücke mit wirklichen Geschichten aus der DD-Ehrfurcht vor einer Schnapsidee.

Heribert, Anfang fünfzig, Rheinländerdialekt, fragte ohne Umschweife nach dem Besichtigungstermin. Wir verabredeten uns für den nächsten späten Nachmittag bei mir zu Hause, wodurch ich gezwungen wurde, mein Heim bis dahin zu reinigen und aufzuräumen – blitzsaubere glatte Flächen treiben die Preise in die Höhe.

Selbstverständlich befand sich besagte Schachtel in der hintersten Kellerkiste – selbstverständlich hatte ich in der vordersten zu suchen begonnen. Unter der Kellerfunzel konnte sich zwar die Schönheit der Objekte nicht völlig entfalten, doch fühlte ich einen Hauch von Nostalgie in mir aufsteigen: War es richtig, die Vergangenheit zu verhökern? Die Geschichte über einige Chinesen, die sich die Brust geöffnet hatten, um das Parteiabzeichen mit dem Konterfei Mao Tse-tungs möglichst dicht am Herzen zu tragen, läuterte den Geschäftsmann in mir.

Heribert, wir waren von Anfang an per Du gewesen, obwohl mir hinterher einfiel, dass Verhandlungen vielleicht besser per Sie zu führen seien, klingelte verspätet. Ich sagte, dies sei nur insofern unangenehm, als dass uns weniger Zeit für die Geschichten bliebe. »Ich dachte schon, du hättest kein Interesse mehr.« Er musste sich ins Zeug legen: »Nein, nein, wie kommst du darauf, ich bin Sammler aus Leidenschaft, es war nur – der Bus!« – »Aha, der Bus.« Wie beiläufig meine Hand abwinken konnte.

Auf den Küchentisch hatte ich eine kleine Ausstellung gebaut, auf rotem Samt in der Mitte: das Schlachtschiff. Ich bezeichnete es ihm als den Großen Stern der Pädagogik, den ich für die Erfindung der mehrklassigen sozialistischen Schule erhalten zu haben vorgab – er wisse ja, dass die sozialistischen Schulen bis hoch in die Siebzigerjahre das Einklassensystem zur Gleichschaltung beibehalten hatten. Der Rheinländer nickte ergriffen, traute sich erst, nachdem ich ihn dazu ermutigt hatte, das wertvolle Stück in die Hand zu nehmen – er habe ja gar nicht gewusst, wie es in der DDR so zugegangen sei, das Rheinland sei weit weg. »Und soll ich dir mal was sagen? Außer mir kenn ich keinen Rheinländer, der sich für euch interessiert.« Wollte er damit seine Verspätung wettmachen? Ich erinnerte an meine wenige Zeit und deutete auf die Serie der »Abzeichen für gutes Wissen zu Ehren der DDR« in Bronze, Silber und Gold: vollständig und unzerkratzt. Was soll man sagen – war man nicht ganz hohl in der Birne, flog einem das Zeug hinterher wie die Lobe einer lobspeienden Mama.

»Die habe ich Anfang der Achtzigerjahre für den Vorschlag bekommen, die Prügelstrafe in der sozialistischen Schule schrittweise abzuschaffen. Nach der Abschaffung des Rohrstocks Bronze, Silber nach der Abschaffung der Peitsche, Gold nach der Abschaffung der Schläge mit flacher Hand.«

Heribert Keil stob nach vorn: »Wie viel willst du für alles?!«

Ich stand auf, atmete durch, setzte mich hin und flüsterte. »Das ist meine Vergangenheit. Wie kann man das in Geld umrechnen.«

»Wie viel?«

»Sag du.«

»Hundert.«

Wollte er mich necken? – ein schäbiges Abzeichen für gutes Lernen war ihm zwanzig Mark wert gewesen. Beleidigen konnte er andere, nicht den Großen Stern der Pädagogik. Schon hatte ich ein Wischtuch über die Exponate gelegt. Die Wirkung war verblüffend, kaum sah er nicht mehr, was er begehrte, nannte er süß den zweieinhalbfachen Preis. Ich: »Unter dreihundert geht das nicht weg.« Geschwind wie ein Taschendieb klammerte er drei Scheine aus der Gesäßtasche, zog das Wischtuch lüstern langsam vom frischen Besitz. Diesem Gesichtsausdruck erwiderte ich meine wenige Zeit. Er möge das Rheinland von mir grüßen und meine Biografie, die mich jetzt dazu zwinge, das Haus zu verlassen, in Ehren halten – falls er zu dem ein oder anderen Stück Fragen habe, sei er immer willkommen: »Aus erster Hand ist das doch ganz was anderes.« Seinem letzten Blick entnahm ich, dass er davon keinen Gebrauch machen würde.

Noch heute, nach mehr als dreißig Jahren, werde ich von mir Unbekannten gefragt, wie das damals eigentlich war: Ich sei doch im Knast gewesen und dann in den Westen abgeschoben worden – bestimmt habe man mich schon oft gebeten, mal ausführlich über die Dinge zu sprechen, und sicher hätte ich mich auch schon häufig wiederholen müssen – aber sei nicht zu verstehen, dass man selten die Gelegenheit habe, einem gegenüberzustehen oder -sitzen, den man nur aus dem Fernsehen kennt? »Wie lange waren Sie denn im Gefängnis?«

Mit meinen sechzehn Tagen kann und will ich nicht angeben. Ich wiegele ab: »Nicht viel. Zwei Wochen. Es war eine Erfahrung.« Gerade Frauen sagen dann oft: »Zwei Wochen! Das würde ich nicht aushalten.«

Wie dünnhäutig diese Frauen sind, zeigt folgende Begeben-
heit: Tirana, die Hauptstadt Albaniens, hatte mich zu einem
Konzert eingeladen. Mein Dolmetscher wies mich vor dem
Konzertabend auf drei ältere Herren hin, die gehört hätten,
ich sei in Deutschland als Politischer im Gefängnis gewesen.
Sie hatten ebenfalls als Politische gesessen, allerdings um eini-
ges länger, was ich mir denken konnte, da in Albanien eine
wesentlich härtere Diktatur geherrscht hatte als in den Acht-
zigern der DDR. Drei heitere kleine Männer winkten mir vom
Saaleingang zu. Natürlich fragten sie zuerst, wie lange ich im
Gefängnis war. Auf die Übersetzung meiner Antwort reagier-
ten sie zuerst, als hätten sie sich verhört. Dann lachten sie sehr
verschmitzt, und einer fragte: »Ja, lohnt sich das denn überhaupt?« Mein Dolmetscher sagte mir auf dem Rückweg, dass
ich gerade 117 Jahren Knast gegenübergestanden habe. Die
drei seien stadtbekannt, in der Öffentlichkeit zeigten sie sich
nur gemeinsam – wegen des albanischen Rekords. Vom Knast
bleibt die weggenommene Zeit. Wie dünnhäutig mag ich
ihnen erschienen sein, meinen kläglichen Versuch, eingesperrt
zu werden, überhaupt erwähnt zu haben.

Wie dünnhäutig ich wirklich war, weiß nur mein Rechtsanwalt, an dessen Brust ich im Knast geweint hatte, weil meine
geliebte Freya eine Woche nach mir ins Gefängnis musste.
Mein Rechtsanwalt war der Stasispitzel Wolfgang Schnur, ein
Freund unserer Familie. Ein reichliches Jahr, bevor sich mir das
Gefängnis geöffnet hatte, saß er plötzlich bei uns am Kaffeetisch. Er wirkte konzentrierter, als es der Anlass erforderte.
Sein vornehmes Gemisch aus Berlinerisch und dem Dialekt
des Nordens nahm mich, neben der zurückhaltenden zuvor-
kommenden Art, für ihn ein. Die leise, dringliche Sprache, so
als ob er nie alles sagen konnte, rechnete ich den schwierigen

Zeiten an: Bedrohung hing über meiner Abenteurerexistenz wie ein Bienenstock am Bindfaden. Schnur bot mir nach der ersten Tasse seine Anwaltsdienste und seinen Beistand als Christ an, nach der zweiten eilte er zu seinem wahren Herrn, dem Führungsoffizier. Hätte ich nicht gedacht, hätte keiner gedacht – unser Wolfgang, wie der sich für uns den Arsch aufriss – kein Wunder, dass er trotz des Kaffees häufig gähnen musste, was man seinen treuen Hundeaugen ansah, nicht seinem geschlossenen Mund.

Wäre das Verhältnis zu meinem Anwalt unpersönlich gewesen, hätte ich im Knast nicht geheult. So dünnhäutig war ich gar nicht. Er hat mich in die Arme genommen, was soll man machen? Ein Spitzel muss auch mal Mitleid haben. Danach duzten wir uns. Will man mehr in dieser Abgeschiedenheit? Zigaretten hatte er mitgebracht.

Es ist dumm oder gut gelaufen – wie er plötzlich am Kaffeetisch saß, saß ich plötzlich im Westen. Reichlich zwei Jahre später erfuhr ich aus der Ferne von Schnurs innerem Reichtum – alles besaß er doppelt. Vielleicht blieb sein Mund beim Gähnen geschlossen, um die doppelte Zunge zu verbergen. Er hörte auf den Decknamen *Torsten*.

Zu dieser Zeit besuchte ich regelmäßig einen Bauernhof. Dort lebte ein namenloses Kalb, dessen müde Augen mich an meinen Verteidiger erinnerten. Fortan hieß es *Torsten*. Ich durfte Torsten anpflocken, begab mich aus dem Radius seines Kettenkreises und hielt etwa folgende Rede: »Mein lieber Torsten! Ich danke dir, dass du mir in der Bedrängnis die Brust geboten hast. Für mehr habe ich dir nicht zu danken, ansonsten bist du ein Arsch. Wie kann man nur so verlogen sein?«

Torsten antwortete mit einem Vers von Luis Cernuda: »Wahrheiten und Lügen sind Vögel, die fortziehen, wenn die

Augen sterben.« Sein Muhen klang wie die Klage über das Gras – er fraß.

»Torsten, du kannst mir jetzt nicht mit Metaphern kommen – was du dir geleistet hast, war unter aller Sau!«

Mit vollem Maul griff er zu Dante: »Sieh hin und geh vorüber.« Er muhte, das sei *sein* Leben, wären die Verhältnisse andere gewesen, hätten wir nie miteinander zu tun gehabt. Was würde ich überhaupt herumstreiten – ich sei doch lebendig, nicht wie andere.

»Nicht zuletzt wegen euch Verrätern mussten die ins Gras beißen!«

»Es gibt Gute *und* Böse. Wenn alle gut wären, gäbe es das Gute nicht.« Torsten war jenseits jeglichen Eingeständnisses, er erklärte die Welt mit der Schnauze. »Ich hatte meine Gründe, du hattest deine Gründe, geh mir von der Weide.«

Was sollte ich mich mit diesem Rindvieh herumstreiten. Es war alles gesagt: Verräter, Gras beißen, Arsch. Mit Worten kann man dem Ungerechten sowieso nicht beikommen. Es hat eine dicke, knochenharte Haut. Doch wie weich sie von Torsten überspielt wurde, deutet auf eine Begabung hin, die unter Theaterverhältnissen geschätzt wird. Er ließ sich einen Bart wachsen und machte mit dubiosen Geschäften auf sich aufmerksam. So ging er mit einem Koffer voller gefälschter Wertpapiere in eine Bank, um sich auszahlen zu lassen. Noch nach seiner Festnahme tat er so, als hätte alles seine Richtigkeit – ein Mann ohne Furcht und Tadel – mit Fotos von sich und dem Einheitskanzler: Fast wäre Torsten ein ganz hohes Vieh geworden – ohne Schnur und Kette.

Es liegt auf der Hand, welche Gründe mich 1989 dazu bewogen, eine Bürgerinitiative anzuzetteln – und wirklich, kaum hatte sich der Gedanke in meinem Kopf formiert, griff ich zu einem Zettel und schrieb, dass sich der Mensch schleunigst um seinen Auswurf kümmern muss, damit nicht etwas eintritt, worüber es bisher nur Vermutungen gibt. Wer weiß schon genau, ob man nicht irgendwann mit einer Sonnenuhr ausgestattet sein wird – zur Zeitmessung des Aufenthalts unter den aggressiven ungefilterten UV-B-Strahlen unserer lieben Sonne. Wird das Quantum überschritten, erhöht sich automatisch der Kostenanteil des Unvernünftigen an der späteren Hautkrebsoperation. Wer im Cabrio herumfährt, muss die ganze Schose selbst bezahlen.

Mit meinem Zettel fuhr ich nach Bonn und unterbreitete das Anliegen einem Mann aus der Politik: Man dürfe nicht mehr herstellen, wovon man weiß, dass es die Ozonschicht zerstört – FCKW, Fluorchlorkohlenwasserstoff. Im »Spiegel« wurde groß darüber berichtet. Das hatte mich sowieso gewundert, kaum dass ich im Westen angekommen war: Alles wurde geschrieben, gesagt und angeprangert, die scheußlichsten Dinge deckte man auf – und wieder zu –, wahrscheinlich, um das Lächeln nicht zu verlernen. Der Politiker sah mich an, als wäre ich von gestern. Wüsste ich nicht, dass man, um so etwas durchzusetzen, Massen hinter sich braucht? Ich war eine Kämpfernatur: Dann würde ich sie hinter mich scharen! Nun hatte ich mich schon aufgemacht, da sollte es an den Massen nicht scheitern. Er schickte mich zu jungen Männern, die noch Ideale hatten und dafür ein Büro betrieben.

Das nächste Dreivierteljahr hatte ich damit zu tun, Massen zu beeinflussen. Zum Beispiel gab ich eines Tages dreißig Rundfunkinterviews, schilderte drastisch Risiken und Nebenwirkungen des Kältemittels, plädierte dafür, dass einem die eigene Haut am nächsten sei, und schreckte nicht davor zurück, im Namen der Kinder zu sprechen. Die Adresse des Büros für Ideale wurde von keinem Moderator nicht zweimal wiederholt. Es gibt Statistiken, entsprechend derer mir rund acht Millionen Ohren zugehört haben mussten. Davon zeigten sich 54 brieflich interessiert.

Es galt, die Augen zu erobern. Sehr populäre Kollegen bekamen Post von mir, auch zwei Udos waren dabei und ein Herbert Grönemeyer – drei Stars, die richtig Masse machen. Kurz, im Büro türmten sich bald dreihunderttausend Signaturen unter dem Willen: FCKW – STOP! Jeder Tag zählt! Im Vergleich zur unterschriftsfähigen Masse sicher wenig, doch im Vergleich zur Bürogröße enorm viel. Die jungen Männer hatten gar keinen Platz mehr für ihre Ideen. Als der Unterschriftsstrom nur noch tröpfelte, wurde die Sammlung – vermittels einer Pressekonferenz – an die damalige Bundestagspräsidentin Rita Süßmuth übergeben.

Der Herbert, der Udo, einige Idealmänner und ich wurden von Rita empfangen. Welcher Udo: Lindenberg oder Jürgens? Meistens tippt man auf Lindenberg, der kommt den Leuten, scheint's, sozialer vor. Das täuscht. In schmuckem Jackett mit Schulterpolstern, mit frisch gewaschenem Haar machte Udo Jürgens einen duftigen Eindruck. Sein Manager steckte mir die Visitenkarte zu und flüsterte, falls ich mal etwas brauche, könne ich anrufen. Herbert hielt vor den Mikrofonen eine zündende Rede im Namen der Kinder, Rita ließ die Unterschriften, damit nichts damit passiert, in den Keller schaffen, Udo Jürgens lächelte oder schaute ernst drein, je nachdem, was passte, und ich bedankte mich für etwas, woran mir jede Erinnerung fehlt.

Mit der Bundestagspräsidentin, Herbert und Udo Jürgens fuhr ich ins dritte Stockwerk auf Ritas Bude. Dort saßen wir am runden Tisch, Rita, mir gegenüber, links der Herbert, rechts Udo Jürgens, in der Mitte stand eine Schale mit Bananen. Wir tranken Kaffee. Rita redete beruhigend, mir fielen die Augen zu: der gleiche norddeutsche Akzent wie Tante Luzie aus Hamburg. Als ich erwachte, sprach Udo Jürgens im Namen der Kinder. Da wurde mir bewusst, dass ich als Einziger eine Banane gegessen hatte. Wer will glauben, Rita hätte das übersehen? Vielleicht waren deshalb zur Maueröffnung im Herbst desselben Jahres so viele Bananen herbeigeschafft worden. Womöglich hat Rita die Schale im Bundestag hochgehalten und gerufen: »Seht, was im Osten gern gegessen wird.«

So nah wie damals bin ich der Zentrale real existierender Demokratie nie wieder gekommen. Sechs Jahre später, nachdem zweitausend Tage gezählt hatten, wurde ein FCKW-Produktionsverbot in Deutschland erlassen. Da war Rita offenbar doch nicht die richtige Adresse, ein Verdacht, der sich erhärtet, wenn man weiß, dass die Initiative mit dem Bundespostpreis geehrt wurde: für hohe Portogelder.

Mehr als ein Lied ist von der Zeit nicht geblieben. Den Text hatte ich für Herbert geschrieben – er sollte es komponieren und singen. Was befördert die Sache mehr als ein Hit für die Massen? Herbert ließ mitteilen, es sei nicht sein Stil. Man kann verstehen, dass ein Künstler eigen ist. Das Lied also blieb – mit meiner Musik. So ist es kein Hit geworden, sondern eine Zugabe: »Stell dir vor, du schreist und keiner hört zu, denn alle wollen glücklich sein und auch noch ihre Ruh. Dann zeigst du mit dem Finger auf die vielen offnen Wunden, da schließen wir die Augen für die knappen schönen Stunden. Jetzt stell dir vor, es brennt und es wird uns zu warm, da nehmen wir doch schnellstens unsre Beine unter'n Arm. Komm wir reißen Fetzen aus'm Himmelszelt, ganz umsonst und ohne zu bereuen. Wenn der Himmel über uns zusammen-fällt, machen wir aus Glas uns einen neuen.«

Als ich eines Tages mal etwas brauchte und Udo Jürgens' Manager anrufen wollte, hatte sich seine Visitenkarte in Luft aufgelöst.

———————————

Stephan Krawczyk, geboren 1955, Studium der Konzertgitarre, 1981 Hauptpreis Nationaler Chansonwettbewerb der DDR, 1985 Berufsverbot, Konzerte in Kirchen, Symbolfigur der Bür-gerbewegung. 1988 Verhaftung, Abschiebung in den Westen. Konzerttourneen im westeuropäischen Raum, Nordamerika, Asien. Erzählung »Mein Vater« (1992 Bettina-von-Arnim-Literaturpreis). Roman »Das irdische Kind« (1996). Seitdem diverse Veröffentlichungen auf musikalischem und literari-schem Gebiet, Reisen, Tourneen, Preise. Krawczyk lebt als Sänger, Musiker, Dichter und Schriftsteller in Berlin.

Durchs Brandenburger Tor

Lothar Tautz

Heute schreiben wir den 2. Oktober 1990, und eben habe ich meinen Schreibtisch wider Erwarten tatsächlich leer geräumt. Dabei nahm der Aktenstapel in den letzten Monaten gegen Feierabend immer zu statt ab. Mal ganz abgesehen davon, dass es nie einen Feierabend gab, höchstens eine kurze Feiernacht. Wobei mir nie zum Feiern zumute war: Zu müde, und der Inhalt der Akten war oft auch nicht feierlich.

Weil es sich um die Personalakten der Mitarbeiter des »Ministeriums für Handel und Tourismus« handelte, und ich bin der Personalchef. Neben Sybille Reider, der SPD-Ministerin aus Leuna, und zwei bundesdeutschen Kollegen aus Bonn, Herbert und Hildegard, von mir kurz die »Bundis« genannt, der Einzige, der hier früher keine Kaderakte hatte. Uns hätten die SED-Genossen allerdings auch gar nicht erst zum Bewerbungsgespräch vorgelassen. Und wir wären nicht auf die abwegige Idee gekommen, uns bewerben zu wollen.

Aber nun bin ich schon seit dem 1. Mai 1990 hier, das war ein guter Termin, sich richtig in die Arbeit zu stürzen. Nach der ersten (und letzten) demokratischen Volkskammerwahl in der DDR war das Ministerium neu gebildet worden. Aufgabe: die Versorgung der Bevölkerung trotz aller Umbrüche und Unwägbarkeiten in der »Volkswirtschaft« sicherzustellen, den Handel auf die Wirtschafts- und Währungsunion am 1. Juli vorzubereiten und die Privatisierung von HO, Konsum sowie den volkseigenen Tourismuseinrichtungen einzuleiten.

Von alldem hatte ich bisher keine Ahnung, außer dass ich ein versierter Einkäufer in der Mangelwirtschaft und ein cleverer Urlauber zwischen Erzgebirge und Ostseestrand war. Meine einzige Qualifikation für den Job als Personalchef in diesem Laden: Für den Pfarrer Lothar Tautz war der Umgang mit Menschen aller Art das täglich Brot. Außerdem konnte ich fünf Monate Erfahrung als Moderator des »Runden Tisches« von Stadt und Kreis Weißenfels einbringen, wo ich im Mikrokosmos des Saaletals und des Zeitz-Weißenfelser Braunkohlenreviers bereits mit allen einschlägigen DDR-Problemen konfrontiert war ... Und das waren viele!

Dann braucht es zur Problemlösung nur noch eine Ministerin, die sich als (bis 1989 parteilose) DDR-Juristin zumindest im »Hotel- und Gaststättenwesen« auskennt. Die vor allem aber Mitglied einer Kirchengemeinde ist, die in meinem Kirchenkreis liegt und – weil sie mich kennt – darauf vertraut, dass wir es gemeinsam schon richten werden. Oder etwas sachbezogener ausgedrückt: Irgendwer anders muss ja den demokratischen Umbau der Gesellschaft vornehmen, wenn man das nicht den alten Kadern überlassen oder deren katastrophales Erbe nicht gleich den Bundis vor die Füße werfen will.

So, jetzt aber aufstehen vom Schreibtischsessel, die Sonne geht schon unter, und ich will noch vor Mitternacht durchs Tor. Einen einzigen Feierabend lang innehalten, das muss sein. Und mir schwant: die Nacht noch dazu. Morgen, am 3. Oktober, ist frei, das gesamte Land hält die Luft an, und ab Übermorgen wird alles anders.

Also noch einen letzten Blick in die Runde. Der helle Fleck an der Wand erinnert an Erich, der doch nicht am längsten währte. Das ist schon eine erste, großartige Errungenschaft der Revolution: Nirgends hängt mehr der Staatsratsvorsitzende (auch nicht an einer Laterne) – das soll so bleiben.

Da kann ich getrost aus meinem Fenster schauen und noch einen Moment die Aussicht genießen. Ich blicke nämlich genau in Richtung Alexanderplatz und Fernsehturm, da sieht es immerhin so aus, wie der »real existierende Sozialismus« gern geworden wäre, zukunftweisende Bauwerke und der »Brunnen der Völkerfreundschaft«. Mich hat immer mehr die »Weltzeituhr« interessiert, zumal ich mich dort mit meiner italienischen Freundin bei ihrem ersten Besuch in Berlin getroffen habe.

Aber das ist eine andere (Liebes-)Geschichte, der die Stasi den Garaus gemacht hat. Nach zwei Jahren durfte sie nicht mehr rein, ich sowieso nicht raus, einen Ausreiseantrag wollte ich nicht stellen. Und nachdem keine Post mehr durchkam, war ich mit meiner Trauer allein.

Heute, am letzten Tag der DDR, bin ich hoffnungsvoll gestimmt. Schon weil mein Blick links in die Leipziger Straße geht, wo ich mit meiner kleinen Familie bald eine große Neubauwohnung beziehen werde. Ein Wunder der Revolution! Trotz anhaltender Wohnungsnot Erstbezug in einem Haus, das bereits zwanzig Jahre zuvor gebaut worden ist. Es handelt sich nämlich um eines der vier 1979 erbauten 25-Geschosser am Spittelmarkt, steil aufragend und dicht an dicht, um das Springer-Hochhaus zu verdecken. Da wohnten bisher nur Genossen, denen der Panoramablick nach West-Berlin keine ideologische Anfechtung war. Oder die sowieso in den Westen fahren durften, wann immer sie wollten, wie mein angeheirateter Onkel Armin Stolper, der dort sogar eine Wohnung über die obersten zwei Etagen hat, mit Treppe im Wohnzimmer. (Der Arme! Jetzt habe ich ihn mit den Altkadern über einen Kamm geschoren, dabei gehört er immerhin zu denen, die eine reformierte DDR herbeigesehnt und in mancherlei Publikation auch herbeigeschrieben haben.)

Das »Wunder« ist leicht erklärt. An dieser im Stadtbild hervorgehobenen Stelle brauchte die Stasi einen Beobachtungs-posten und hat dafür eine Wohnung beschlagnahmt, von der aus man die ganze Leipziger Straße bis zum Bahnhof Alexander-platz überblicken kann. Wohlgemerkt: Interessant war, was oder wer vom Osten kommt. In Richtung Westen, also Fried-richstraße, kann man von der Wohnung aus nichts sehen. Den schönen Blick zum Alex haben wir nun. Und nachdem wir einen Kabelbaum mit toten Telefonleitungen beseitigt hatten, brauchten wir nicht einmal zu renovieren. Die Wände waren unberührt und schön weiß mit Raufaser verkleidet.

In aller Bescheidenheit möchte ich aber noch bemerken, dass ich selbst auch einen kleinen Beitrag dazu geleistet habe, einmal in einer solchen Wohnung leben zu können. In einem der Weißenfelser Friedensgebete im Oktober 1989 hatte ich nämlich ein vielen in der DDR bekanntes Friedenslied – »Das weiche Wasser bricht den Stein« – umgedichtet und mit eigenem Text vorgetragen. Dort hieß es: »Raketen steh'n vor unsrer Tür/die soll'n des Volkes Schutz hier sein./Auf solchen Schutz verzichten wir,/das weiche Wasser bricht den Stein.« Ich hatte schlicht das erste Substantiv verändert: »Die Stasi steht vor unsrer Tür ...«. In der Kirche waren mehr als tausend Menschen, die so gejubelt und geklatscht haben, dass ich erst mal nicht weitersingen konnte. Ich muss jetzt noch bei der Vorstellung lachen, dass die Spitzel da mitjubeln mussten, um nicht aufzufallen.

Ah, ich höre meinen Bundi Herbert rufen, der augen-scheinlich aufgegeben hat, mit einem westdeutschen Funktelefonungeheuer zu versuchen, Gespräche zu führen, weil die Verbindung ja doch immer wieder unterbrochen ist. Wir wollen uns zusammen zum Tor aufmachen, weil wir uns gesagt haben, nach dem ganzen Stress belohnen wir uns heute einfach mal selbst. Wer weiß, ob es jemals ein anderer tut.

Eigentlich wollte die Ministerin mitkommen, aber die feiert wohl in der Volkskammer. Außerdem ist sie ja schon seit sechs Wochen nicht mehr Ministerin, und wir schmeißen den Laden hier alleine. Dafür ist Hildegard dabei, die zweite Bundi, zusammen mit Herbert abgesandt von der Bundesregierung uns zur Unterstützung, ausgerüstet mit der richtigen Qualifikation zu Handel und Wandel in der Marktwirtschaft. Das machen sie ausgesprochen sympathisch. Kein Schimmer von westdeutscher Überheblichkeit, der ich sonst mit zunehmend schwächelndem Langmut immer wieder ausgesetzt bin.

So, nun sind wir endlich unterwegs: Ein langhaariger Thüringer im (einzigen) Anzug (von C&A), Herbert leger mit Günter-Grass-Bart und Brille und Hildegard, der man die Westfrau auf hundert Meter ansieht, so chic gekleidet und geschminkt, wie sie heute ist. (Anders als im Büroalltag, da hat die sportliche Problemlösungspraktikerin in ihr absoluten Vorrang.) Wir ziehen gleich zur Liebknechtstraße hinüber, denn wir wollen die »Linden« hinuntergehen, wenn schon zum Tor, dann auf der Allee. Wir kommen nur langsam voran, denn augenscheinlich sind wir nicht die Einzigen, die auf die Idee gekommen sind, sich an diesem Abend auch körperlich von Ost nach West zu bewegen, und das an genau der Stelle, die symbolträchtiger nicht mehr gesteigert werden kann.

Vorher muss aber noch das Rote Rathaus passiert werden. In den gleichnamigen Passagen saß ich mit meiner Graziella in der Siebzigern oft beim Mokka, den sie immer (ganz unauffällig!) als Espresso bestellte. Der Palast der Republik war gerade eröffnet worden, aber um Erichs Lampenladen machten wir einen großen Bogen, da standen die Stasispitzel zu offensichtlich herum. Dann lieber auf die Domseite, wie jetzt mit den beiden Bundis. Der Berliner Dom steht wieder in aller Pracht, das Kreuz auf der Kuppel frisch vergoldet, während die Insignien des Sozialismus am Palast bereits abmontiert sind.

Und schon kommt links das Gebäude des Außenministeriums der DDR in den Blick. Meine erste, allerdings sehr kurze, Arbeitsstelle in meiner erstaunlichen Laufbahn als Regierungsmitarbeiter. Das kam so: Seit Dezember war ich als Moderator am Weißenfelser Runden Tisch, freigestellt von meinem Arbeitgeber, der Landeskirche, zugleich amtierender Landrat und Bürgermeister. Ich hatte meinen Schreibtisch im Landratsamt, das noch »Rat des Kreises« hieß. Zu tun gab es reichlich (siehe oben), da kam Ende März ein Anruf aus Berlin von Edelbert Richter, meinem ehemaligen Studentenpfarrer und jetzigen Volkskammerabgeordneten. Er sprach den lapidaren Satz: »Du, Markus soll Außenminister werden, wir brauchen dich hier.« Er meinte noch, ich hätte ja als Geschäftsführer des Evangelischen Kirchentages Erfahrung mit Großveranstaltungen, und das sei hier schließlich eine.

Einen ähnlichen Anruf hatte ich schon einmal aus Berlin bekommen, im Dezember war das. Da war der alte Kübler von den DDR-Christdemokraten am Telefon und fragte im Auftrag von Lothar de Maizière, ob ich nicht die Büroleitung in der CDU-Zentrale am Gendarmenmarkt übernehmen wolle, ich hätte ja als Geschäftsführer des Evangelischen Kirchentages Erfahrung mit Großveranstaltungen ...

Vor de Maizière hatte ich immer Hochachtung, und mein Vertrauen zu ihm war ungebrochen, zumal er mir in tiefen DDR-Zeiten im Zusammenhang mit meinen oppositionellen Umtrieben einmal mit Rat (und Tat?) geholfen hat. Aber ich konnte mir nicht vorstellen, mit den angeblich gewendeten Blockflöten vertrauensvoll zusammenzuarbeiten, deshalb habe ich nach einigem Überlegen abgesagt. Ganz abgesehen davon, dass ich vom ersten Tag an in der SPD war, ja schon die Initiative zur (Wieder-)Gründung dieser Partei seit August 1989 unterstützt hatte.

Der Gedanke daran war im Sommer 1989 keine Neuigkeit, die vom Himmel gefallen wäre. Selbst Rainer Eppelmann hatte Anfang des Jahres schon mit einer neuen sozialdemokratischen Partei geliebäugelt. Da war die Zeit aber einfach noch nicht reif. Dass diese Idee nun ausgerechnet von Markus Meckel und Martin Gutzeit umgesetzt wurde, hat mich nicht überrascht. Beide habe ich in den Siebzigerjahren während meines Theologiestudiums kennengelernt. Bei einem Studententreffen zum völlig verschneiten Jahreswechsel 1978/79 mit unserem Freundeskreis aus Ost- und Westdeutschen und Holländern wurde Markus in einem Rollenspiel sogar schon mal zum Außenminister gekürt. Da fand ich die Entwicklung nur folgerichtig und sagte zu, nun im wirklichen Außenministerium mitzumachen.

Nur war da für mich nichts zu tun, wie sich nach kurzer Zeit herausstellte. Auch hier waren wir Neuen bloß ein kleiner Stab, fünf Leute, die sich ernsthaft der Aufgabe stellen wollten. Als wir das erste Mal das Haus betraten, empfing uns das Spalier der bisherigen Mitarbeiter, hunderte schweigende »SED-Kader«, von denen vor allem eines ausging: Misstrauen. Unser Ziel war der Versammlungsraum der Leitungsebene, wo uns die verbliebenen Hauptabteilungsleiter mit eiserner Miene erwarteten. Der Minister und die Staatssekretäre hatten bereits das Weite gesucht. Dass mit diesen Typen bei allem guten Willen unsererseits keine »gedeihliche« Zusammenarbeit möglich war, konnte man mit Händen greifen. Saßen direkt vor uns und im ganzen Haus verteilt doch Genossen, die in besonderer Weise über Jahre und Jahrzehnte ihre Staatstreue bewiesen hatten.

Einen Einzigen gab es, mit dem ich glaubte, offen reden zu können. Ich hatte mich nämlich während meines Studiums in Naumburg an der Saale mit einer Biologiestudentin angefreundet, deren Wohnheim am Stadtrand nicht weit entfernt von meiner Studentenbude lag. Und die verknallte sich eines Tages ausgerechnet in einen jungen Mann, der nach ihrer Heirat eine Karriere als Auslandskader in ebendiesem Ministerium machte. Seit 1980 lebte meine persönliche »Funktionärsfamilie« aus dienstlichen Gründen in der Schweiz. Und so bekam ich bis zum Ende der DDR immer mal eine Postkarte aus Bern und zu Weihnachten sogar ein Westpaket. Inzwischen waren die beiden wieder nach Berlin zurückbeordert worden, sodass ich mich in dem großen Haus auf die Suche nach meinem »Vertrauensmann« begab. Und fand ihn tatsächlich in seinem Zimmer sitzen: ebenso frustriert wie seine Kollegen ob seiner ungewissen Zukunft.

Er hatte recht damit. Für ihn wie für alle anderen gab es keine Perspektive im Staatsdienst. Während wir noch Pläne über unsere künftig großartige außenpolitische Arbeit schmiedeten, hatte der bundesdeutsche Außenminister schon längst über die Zukunft der gleichnamigen DDR-Einrichtung entschieden. Schon bei unserer ersten Zusammenkunft mit Hans-Dietrich Genscher – ich bin vor lauter Ehrfurcht fast im Sessel versunken – sagte er uns, er würde keinen Einzigen von diesem Ministerium in den Bundesdienst übernehmen. Man wisse ja nicht, wer von den Mitarbeitern für die Staatssicherheit, wer für den KGB oder die CIA oder, ja, für den BND arbeiten würde oder für alle zugleich.

Bereits nach fünf Wochen, also Ende April 1990, war mir klar: Unter dieser Voraussetzung brauchte es niemanden wie mich, der sich mit Personal (Menschen) auskannte oder Organisationserfahrung hatte. Und der oberste Abwickler für mehrere tausend nun falsch qualifizierte und möglicherweise geheimdienstlich infizierte Leute wollte ich nicht sein. Da war ich froh, dass die neue Chefin des kleinen Handelsministeriums mir gesagt hatte, sie brauche dringend jemanden an ihrer Seite, und nach einem kurzen Anruf war ich an der Stelle, wo es tatsächlich alle Hände voll zu tun gab.

Dass auch diese Arbeit nach fünf Monaten schon wieder vorbei ist, wird mir bewusst, als Herbert mich darauf hinweist, dass wir gerade an dem Gebäude vorbeigehen, in welchem ab Freitag mein künftiger Arbeitgeber sitzt. Hier auf der rechten Seite der Linden war unter Honecker das Außenhandelsministerium der DDR, unter de Maizière ist es zum Wirtschaftsministerium umfunktioniert worden. Dessen Hausherr, Wirtschaftsminister Gerhard Pohl, war wegen besonders eklatanter Unfähigkeit (so wurde in Regierungskreisen gemunkelt) schon vor einigen Wochen zurückgetreten und die Behörde herrenlos. Die Frage stellte sich: Wem konnte man noch vertrauen, dort ab 3. Oktober Verantwortung zu tragen?

In Bonn gibt es einen guten Mann für das Haus, der auch noch so heißt, nämlich Hausmann. Und genau der, FDP-Bundeswirtschaftsminister Helmut Hausmann, hat mich deshalb vor ein paar Tagen gefragt, ob ich nicht im Staatsdienst bleiben wolle. Als Pfarrer könne ich ja später immer noch arbeiten, jetzt würden aber in den obersten Bundesbehörden vertrauenswürdige Leute aus dem Osten gebraucht und die wären nicht allzu zahlreich. Besonders in seinem Haus sei so jemand wie ich dringend nötig, denn der Bonner Personalreferatsleiter sei zwar fachlich und menschlich hochqualifiziert, aber Rheinländer. Und ich solle mir doch einmal vorstellen, wie das wirke, wenn dieser im schönsten kölschen Dialekt einem Mitarbeiter aus der ehemaligen (das Adjektiv hörte ich bei diesem Gespräch zum ersten Mal!) DDR sagen würde, er könne leider nicht weiter beschäftigt werden. Genau das sei aber bei mehr als 10 000 Mitarbeitern aus der DDR-Wirtschaftsverwaltung nötig, die würden in der Marktwirtschaft nicht in der Behörde gebraucht, sondern in den Betrieben.

Zum Trost oder für meine Motivation fügte er noch hinzu, dass immerhin 1000 Mitarbeiter übernommen werden sollten, und meine spezielle Aufgabe wäre nun, diese gemeinsam mit dem Bonner Kollegen zu finden. Ich sagte Ja, aber mehr aus einem unbestimmten Verantwortungsgefühl im Bauch denn aus Überzeugung.

Da brauche ich mich nun nicht zu wundern, dass Hildegard, die Bonner Regierungsrätin, plötzlich aus ihrer Handtasche eine Sektflasche zaubert samt drei Gläsern und »Auf uns drei Kollegen!« ruft. Und Herbert, der Herr Regierungsdirektor, fügt hinzu: »Auf unsere persönliche Wiedervereinigung!«, denn wir stehen inzwischen genau im Brandenburger Tor. Ich kriege vor lauter Rührung keinen Ton raus. Die Freiheitsglocke läutet, dass Feuerwerk beginnt und ich würde gern die zweite Zeile aus meiner Nationalhymne singen: »Lass uns dir zum Guten dienen, Deutschland einig Vaterland!«

Lothar Tautz, geboren 1950 in Erfurt, Maschinenbauer, Chef-requisiteur des Erfurter Theaters, studierte Pädagogik und Theologie an den Kirchlichen Hochschulen in Naumburg und Berlin, Geschäftsführer des Evangelischen Kirchentages, Pfarrer in Weißenfels, dort 1989 Initiator der Friedensgebete und Moderator des Runden Tisches, SDP-Mitglied. Ab 1990 Leitungstätigkeit u. a. in der letzten DDR-Regierung, im Bundeswirtschaftsministerium und der Magdeburger Staatskanzlei. Seit 2008 im Bundesvorstand des Vereins »Gegen Vergessen – Für Demokratie«. 2018 Auszeichnung mit dem Bundesverdienstkreuz.

Vor dem Dresdner Rathaus flogen Feuerwerkskörper

Herbert Wagner

Am Vorabend des 3. Oktober 1990 stand mir nach einer Pressekonferenz, die um 19 Uhr stattgefunden hatte, noch ein für 21.30 Uhr im Kulturpalst Dresden anberaumtes Gespräch für das Bayerische Fernsehen bevor. Ich war inzwischen Oberbürgermeister der Stadt Dresden und saß allein in meinem Dienstzimmer, arbeitete die liegen gebliebenen Postmappen ab. Eine tiefe, stille Zufriedenheit erfüllte mich: Ab morgen wird Deutschland staatlich geeint sein. Freiheit und Demokratie – die beiden Errungenschaften der friedlichen Revolution in Ostdeutschland – werden nun dauerhaft gesichert sein. Die Ära der Diktaturen ist zu Ende. Ein Rollback des Kommunismus im Osten Deutschlands wird es in dem größeren Deutschland nicht mehr geben.

Vor dem Dresdner Rathaus flogen vereinzelte Feuerwerkskörper. Wer nicht bis Mitternacht warten konnte, ließ bereits jetzt die Sektkorken knallen. Diese Euphorie war mir fern. Ich ahnte die immensen Probleme und Konflikte, die jetzt auf die Stadt zukommen. Vierzig Jahre DDR-Unrecht und zwölf Jahre nationalsozialistische Verbrechen waren mit den jetzt lebenden Menschen zum erträglichen Ausgleich zu bringen. Meine Wähler forderten im Straßenjargon: »Schmeiß alle roten Socken aus dem Rathaus und bring Dresden sofort auf West-Niveau!«

Zweimal war in den letzten vier Monaten mein Büro von Vertretern der ca. tausend »Häuslebauer« besetzt worden, die zu DDR-Zeiten in Dresden ein Haus auf zu Volkseigentum erklärten Grund und Boden gebaut hatten – mit Genehmigung des alten Rats der Stadt. Nun wollten sie mich zu einer Unterschrift zwingen, dass ihnen das zum Haus zugehörige Grundstück zu DDR-Schleuderpreisen verkauft wird. Einstige DDR-Flüchtlinge wiederum, die nie mit einer Rückkehr gerechnet hatten, kamen nun zurück und forderten ihr Eigentum, in dem jetzt andere wohnten, zum Teil redlich erworben, zum Teil nicht. Restitutionsanträge gingen waschkörbeweise ins Rathaus ein. Am Ende war für die Hälfte der bebauten Stadt unklar, wem die Häuser einmal gehören würden. Ungeklärte Eigentumsverhältnisse waren das größte Investitionshindernis. Das alles bei – seit Kriegsende – nie beendeter Wohnungsnot und dem Häuserverfall. »Ruinen schaffen ohne Waffen« war die DDR-Untergrundlosung. Ganz zu schweigen von der wettbewerbsunfähigen Wirtschaft, dem fehlenden Kapitalstock, der verseuchten Umwelt, dem neuen Rechtssystem.

Meine Gedanken schweiften zurück zur friedlichen Revolution im Herbst 1989, zu den freudigen Gesichtern der Demonstranten, die Zentimeter für Zentimeter Freiheit und Demokratie erstritten. Dann das Wunder des Mauerfalls am 9. November.

Doch der bewaffnete Angstapparat Stasi mit eigenen Untersuchungsgefängnissen, der sich als Schild und Schwert der führenden Partei verstand, war noch intakt, auch wenn er sich schnell in Amt für Nationale Sicherheit (AfNS) umbenannt hatte.

Im Dezember 1989 gab es ein einschneidendes Ereignis: Am Morgen des 5. Dezember erstatteten Dresdner Bürgerrechtler Anzeige bei der Bezirksbehörde der Deutschen Volkspolizei gegen das AfNS wegen des dringenden Verdachts der Sabotage, denn es ging das glaubhafte Gerücht um, dass dort

Akten vernichtet würden, was auch ein Straftatbestand im Sinne der DDR-Gesetze war. Arnold Vaatz als ein Sprecher des Neuen Forum und ich als Sprecher für die oppositionelle »Gruppe der 20« riefen die Dresdner zu einer Demonstration vor dem Hauptgebäude der Bezirksstelle des Amtes für Nationale Sicherheit für 17 Uhr auf, um eine eventuell stattfindende polizeiliche Maßnahme zu unterstützen. Für Ordnung und Sicherheit wollten wir beide sorgen. Unser Aufruf ging um 12.35 Uhr über den Sender Dresden. Um 17 Uhr standen schon Tausende vor dem geschlossenen Stasi-Tor. An unsere vorgegebene Sicherheitskonzeption hielt sich keiner! Die Stasi-Mauer wurde bemalt mit Sprüchen wie: »Stasi raus!«, »Volksauge sei wachsam!«, »Nie wieder politische Gefangene!«. Die ersten waren schon auf die Mauer geklettert, bereit zum Absprung ins Innere. Doch dann geschah ein weiteres der vielen kleinen Wunder während der friedlichen Revolution: Das Tor wurde von innen geöffnet. Wir wollten die politischen Gefangenen befreien. Doch das Untersuchungsgefängnis war leer. Im Verlauf des Abends gab der leitende Stasi-Generalmajor Horst Böhm seine Dienstwaffe ab. Die Stasi kapitulierte. Ein Bürgerkomitee wurde gebildet, das mit der später anrückenden Polizei und dem Militärstaatsanwalt die Stasi-Leute nach Hause schickte und die Kontrolle des Areals übernahm.

Seit dem Mauerfall nahm die Zahl der Teilnehmer zu den Montagsdemos ab. Sie fuhren nach West-Berlin oder Hof und gönnten sich mit dem Begrüßungsgeld langersehnte Wünsche. Die Demonstranten, die blieben, wandelten die trotzig gegen Partei und Regierung gemünzte Losung von »Wir sind das Volk!« zu »Wir sind ein Volk!«.

Doch die Einheit war in beiden deutschen Staaten keinesfalls unumstritten. Berliner Schriftsteller und Künstler verfassten einen Aufruf »Für unser Land« und plädierten für den Erhalt der DDR als »sozialistische Alternative« und den Fortbestand der Zweistaatlichkeit. Er wurde von über einer Million Menschen unterschrieben.

Aber die DDR war pleite. Hans Modrow wurde Ministerpräsident und wollte sie retten. Dazu lud er den Bundeskanzler Helmut Kohl für den 19./20. Dezember nach Dresden zu einem Arbeitsbesuch ein und erwartete von der Bundesregierung einen Milliardenkredit. Dieser »Arbeitsbesuch« wurde medial kaum beachtet. Im Vorfeld der Reiseplanung wurde eine Rede Helmut Kohls erwogen, wegen politischer Risiken jedoch zunächst verworfen. Ich erfuhr vier Tage vor der Ankunft Helmut Kohls von dieser Möglichkeit von Ratsmitgliedern, die mit der Vorbereitung des Kohl-Besuchs beauftragt waren. Sie zogen mich zurate, wo im Falle einer Rede die Tribüne stehen könne. Ich schlug eine bestimmte Stelle in der Nähe der Ruine der Frauenkirche vor und begründete dies mit der besseren Sicht und dem Gefühl, dass Helmut Kohl in der Mitte des Volkes sein möchte. Die Bedenken der Genossen, dass bei ihm faule Eier wie im Westen fliegen könnten, zerstreute ich mit dem Hinweis, dass wir bisher bei keiner Montagsdemo solche Übergriffe hatten und dies auch beim Kohl-Besuch nicht der Fall sein werde. Dienstagfrüh sollte Helmut Kohl in Dresden ankommen. Im offiziellen Besuchsprogramm des Kanzlers, das zum letzten Mal in einer Pressekonferenz Montagmittag vorgestellt wurde, war eine Rede nicht enthalten. Ich nutzte als Moderator der abendlichen Montagsdemo die Gelegenheit, um einen Termin für die von mir erhoffte Rede zu setzen mit den Worten: »Morgen besucht der Bundeskanzler Helmut Kohl die DDR. (…) Wir wollen ganz einfach den Bundeskanzler herzlich willkommen heißen und um 16 Uhr an der Ruine der Frauenkirche, nach dem er dort einen Kranz niedergelegt hat, ihm einfach zuhören, was er uns zu sagen hat.«

Ort und Termin verbreiteten sich in Windeseile. Helmut Kohl erfuhr, dass die Dresdner eine Rede erwarteten. Am nächsten Vormittag beim Gespräch mit dem damaligen SED-Oberbürgermeister Wolfgang Berghofer fragte dieser, ob Helmut Kohl eine Rede halten möchte. Kohl bejahte. Am Nachmittag stand die Tribüne am vorbereiteten Platz.

Ich erinnere mich: Zehntausende sind zum richtigen Zeitpunkt an der Ruine der Frauenkirche. Die Erwartungen der Menschen sind riesengroß. Die meisten wollen die Einheit Deutschlands und zeigen dies durch Schwenken der schwarzrotgoldenen Fahnen, aus denen Hammer, Zirkel und Ährenkranz herausgeschnitten sind. Transparente werden mitgebracht. Aber auch DDR-Protagonisten kommen zur Kundgebung mit den alten Fahnen mit DDR-Emblem. Gewisse Erwartungen werden auch an Modrow geknüpft mit einer Losung wie: »Helmut und Hans – macht Deutschland ganz!«

Der Kanzler beginnt seine historisch denkwürdige Rede mit der Anrede: »Liebe Landsleute.« Mir rieselt es über den Rücken. Erstmals erlebe ich, dass ein westdeutscher Politiker uns als seine deutschen Landsleute bezeichnet. Er sagt weiter: »Mein Ziel bleibt – wenn es die geschichtliche Stunde zulässt – die Einheit unserer Nation.« Unbeschreiblicher Jubel kommt bei diesen Worten auf. Das ist der Moment, als die Dresdner, stellvertretend für die DDR-Bevölkerung, und der Bundeskanzler sich verständigen, dass beide die deutsche Einheit wollen, wenn sie in Frieden und Freiheit möglich würde.

Im Februar 1990 besucht mich Erwin Teufel, der CDU-Fraktionsvorsitzende im baden-württembergischen Landtag, im Büro der »Gruppe der 20«. Er kommt, um Bürgerrechtler im

Vorfeld der erwarteten Volkskammerwahl für die CDU zu werben, um jene Kräfte zu stärken, die die deutsche Einheit wollen. Ich antworte ihm: »Ich trete in keine Partei ein. Politik verdirbt den Charakter.« – Erwin Teufel erwidert: »Ja, aber das ist die halbe Wahrheit. Denn es gilt auch: Schlechte Charaktere verderben die Politik. Deshalb müssen Sie in die CDU eintreten.«

Das überzeugte uns. Am Mittwoch, dem 21. Februar 1990, stellte ich mit fünf weiteren Bürgerrechtlern den Antrag auf Eintritt in die CDU. Am Sonnabend zum Kreisparteitag wurden drei von uns in den erneuerten Kreisvorstand gewählt. Vorsitzender wurde Dr. Dieter Reinfried, ein Sprecher des Neuen Forum, ich wurde sein Stellvertreter. Einen vierten aus unserer Gruppe beriefen wir zum Geschäftsführer. Die CDU-Stadtspitze war erneuert.

Die demoskopischen Vorhersagen für die Volkskammerwahl am 18. März malten ein düsteres Bild für die CDU: Im Januar hätte die CDU zwei Prozent und im Februar sechs Prozent der Stimmen erhalten. Wer vor den Volkskammerwahlen in die CDU eintrat, tat dies nicht mit der Gewissheit, in eine Siegerpartei einzutreten. Wir wollten die deutsche Einheit und nie wieder Sozialismus. Die CDU unter Helmut Kohl stand am überzeugendsten dafür.

Nach den seit Jahrzehnten erstmals wieder freien Kommunalwahlen wurde ich am 23. Mai 1990 von der Stadtverordnetenversammlung zum Dresdner Oberbürgermeister gewählt. Mein Programm war, die Umsetzung der drei Ziele der friedlichen Revolution

- freiheitliche Demokratie/Rechtsstaatlichkeit
- soziale Marktwirtschaft
- staatliche Einheit des deutschen Volkes

in praktische Kommunalpolitik umzusetzen. Die Ereignisse überschlugen sich, ich wusste vor Arbeit nicht, wo anfangen. Nach einem Monat im Amt kam die Wirtschafts-, Währungs- und Sozialunion. Die DDR-Volkskammer verabschiedete im rasanten Tempo eine Fülle von Übergangsgesetzen, die ab sofort von den Kommunen zu befolgen waren. Doch am 3. Oktober 1990 war Deutschland endlich wieder staatlich geeint.

Kurz danach bereiste der Bundesstaatssekretär Horst Waffenschmidt die neuen Bundesländer. Eilig wurden die Bürgermeister in den Plenarsaal des Dresdner Rathauses gerufen, um die Sorgen der Kommunen vorzutragen. Die Finanzzuteilung von Berlin, der untergegangenen DDR-Hauptstadt, brach mit dem 3. Oktober abrupt ab. Die kommunalen Kassen waren leer. In der Bundeshauptstadt Bonn bemerkte das keiner. Löhne und Gehälter – obwohl auf dem niedrigen DDR-Tarif – konnten nicht mehr gezahlt, notwendige Investitionen nicht mehr getätigt werden. Für das Rathaus ordnete ich an, dass Oberbürgermeister und Fachdezernenten die ersten und die Arbeiter die letzten sind, denen entsprechend der Kassenlage ihr Gehalt ab sofort gekürzt oder überhaupt nicht mehr ausgezahlt wird. Staatssekretär Waffenschmidt kümmerte sich um Zuweisungen aus Bonn, und die totale Ebbe in der Stadtkasse dauerte nur etwa ein bis zwei Monate.

Dem Stuttgarter Oberbürgermeister Manfred Rommel zeigte ich den Dresdner Stadthaushalt. Der organisierte sofort ein Gespräch mit dem CDU/CSU-Fraktionsvorsitzenden Alfred Dregger, dem Erfurter Oberbürgermeister Manfred Ruge und mir. Wir trafen uns in Fulda, der Stadt, in der Dregger selbst einmal Oberbürgermeister war. Er konnte Helmut Kohl am besten überzeugen, dass die ostdeutschen Kommunen dringend direkt Geld vom Bund benötigten und dieses nicht in den ebenfalls im Aufbau begriffenen ostdeutschen Länderverwaltungen hängen bleiben durfte.

Elf spannende Jahre durfte ich der Landeshauptstadt Dresden als Oberbürgermeister dienen. Unwahrscheinlich viel konnte sie von der alten Kraft und dem alten Glanz wiedergewinnen und sich neu positionieren.

Doch die in Freiheit Nachgeborenen wissen wenig vom sozialistischen Repressionsapparat in der DDR und vom Mut der Menschen, die diesem widerstanden. Deshalb möchte ich eine Geschichte wiedergeben, die ich heute gern bei Führungen durch die ehemalige Stasi-Untersuchungshaft, heute Gedenkstätte Bautzner Straße Dresden, erzähle:

Unter dem SED-Chef Walter Ulbricht wurde 1968 in einem Akt politischer Kulturbarbarei und gegen den Widerstand der Bevölkerung die Leipziger Universitätskirche gesprengt. Die im Jahr 1240 geweihte gotische Klosterkirche war eine der ältesten Universitätskirchen Deutschlands. Doch sie passte nicht ins Bild der 1953 in Karl-Marx-Universität Leipzig umbenannten sozialistischen Hochschule. Wie groß war das Entsetzen.

Einer Gruppe junger Physiker gelang es beim III. Internationalen Bachwettbewerb in der Leipziger Kongresshalle – in Anwesenheit hoher DDR-Funktionäre, ausländischer Gäste und Fernsehteams – ein Protestplakat zu entrollen mit der Aufschrift: »Wir fordern Wiederaufbau«. Zwei der Beteiligten waren die Brüder Dietrich und Eckhard Koch. Sie hatten die Zeitschaltuhr für den Plakat-Entrollmechanismus gebaut. Das war für die Stasi eine hochpolitische Straftat. Doch sie konnte die »Täter« nicht ausfindig machen.

Knapp zwei Jahre später, nachdem zwei Beteiligten die Flucht in den Westen gelang, verhaftete die Stasi mehrere Leipziger, darunter Dietrich Koch. Ein geflohenes Gruppenmitglied hatte in der Freiheit (im vermeintlich vertrauten Kreis) von der Plakataktion erzählt. Ein westdeutscher Linker verriet daraufhin die Plakataktion an die Stasi. Obwohl die Stasi nun alles über Koch wusste, gestand dieser in dem fast zweijährigen Ermittlungsverfahren nichts. Er verriet auch keine Freunde. Die Stasi täuschte, bluffte, drohte, erpresste, spielte die mitverhafteten Freunde gegeneinander aus, nutzte persönliche Schwächen aus und setzte selbst Psychopharmaka ein. Dietrich Koch berichtet in seinem Buch »Nicht geständig« von einer Vernehmung:

> »Wenn Sie endlich einmal bereit sind, von sich aus wahrheitsgemäß auszusagen, melden Sie sich morgens beim Posten zum Vernehmer«, hatte mir der Leutnant gesagt. Am 24. Dezember 1970 war es so weit. Nach dem Wecken meldete ich mich beim Wachhabenden: »Zum Vernehmer.«
>
> Als ich ins Vernehmungszimmer gebracht wurde, saß der Leutnant in freudiger Erwartung da: »Herr Koch, Sie haben sich zum Vernehmer gemeldet? Sie haben mir etwas zu sagen?«
>
> »Ja, ich habe Ihnen etwas sehr Wichtiges zu sagen: Es begab sich aber zu derselbigen Zeit, dass ein Gebot vom Kaiser Augusto ausging, dass alle Welt ...« – Der Leutnant wurde unruhig, und ich kürzte ab: »Da machte sich auch Josef aus Galiläa ...«
>
> »Koch, was soll das«, unterbrach er mich. »Warten Sie, Herr Leutnant, ich bin noch nicht fertig; das Wichtigste kommt noch«, setzte ich fort: »... mit Maria, seinem vertrauten Weibe, die war schwanger.« Erregt erhob sich der Leutnant etwas von seinem Stuhl, sodass ich noch einmal kürzte: »... und sie gebar ihren ersten Sohn und wickelte ihn in Windeln ...«

Der Leutnant brüllte: »Koch, Sie wollen mich wohl verarschen? Heute ist Heiligabend. Und gerade da lassen Sie mich wegen so was von zu Hause holen? Ich dachte, Sie wollen mir etwas Wichtiges sagen.«

»Aber das ist doch wichtig, auch für Sie«, erwiderte ich. »Das ist die frohe Weihnachtsbotschaft. Herr Leutnant, auch für Sie ist heute der Heiland geboren.«

Der Vernehmer guckte mich wie einen Irren an. Ich fuhr fort: »Jetzt weiß ich endlich, warum ich hier in Haft bin.« – »Wegen Ihrer Straftaten, das ist doch klar«, schrie der Leutnant.

»Mir war es nicht klar«, sagte ich, »weil ich keine Straftaten begangen habe. Jetzt weiß ich, dass ich allein deshalb hier bin, weil Gott mich Ihnen geschickt hat, um Ihnen die frohe Weihnachtsbotschaft zu verkünden.«

Der Leutnant ließ Dietrich Koch wieder in seine Zelle zurückbringen. Die SED-Diktatur rächte sich an Koch, indem sie ihn zu zweieinhalb Jahren Haft verurteilte mit anschließender unbefristeter Einweisung in die Psychiatrie. Dank der Bemühungen des prominenten Ulrich von Weizsäcker wurde Koch 1972 nach Westdeutschland abgeschoben, studierte Philosophie, promovierte und arbeitete als Philosoph an der Universität Essen. Diese seelische Stärke hat mich immer wieder beeindruckt.

Am 17. November 2019, anlässlich des 30. Jahrestages der Samtenen Revolution in der ČSSR, wurde Dietrich Koch im Prager Nationaltheater für seinen Widerstand gegen die kommunistische Diktatur und seine Standhaftigkeit mit dem Preis MEMORY OF NATIONS AWARD 2019 ausgezeichnet. Sein Bruder nahm diesen Preis auch stellvertretend für alle politischen Gefangenen und Verfolgten im SED-Regime entgegen, die ohne die friedliche Revolution und die deutsche Einheit nie eine derartige Genugtuung erfahren hätten.

Das Jahr 1989 war das Jahr der friedlichen Revolution, 1990 das Jahr der deutschen Einheit. Für die vergangenen dreißig Jahre bin ich sehr dankbar. Auch dafür, dass wir über die Verbrechen des Kommunismus angstfrei sprechen können und einige politisch Verfolgte rehabilitiert wurden. Aber dass es in dem vereinten Deutschland ein Rollback des Kommunismus oder einen Absturz in eine neue Diktatur nie mehr geben wird, da bin ich mir heute nicht mehr so sicher, wie ich es am Vorabend des 3. Oktober 1990 war.

———————————

Herbert Wagner, geboren 1948 in Neustrelitz, studierte 1969 bis 1973 Informationselektronik an der TU Dresden. 1973 bis 1990 war er Entwicklungsingenieur, Dissertation 1985. 1989 bis 1990 war er Sprecher der oppositionellen »Gruppe der 20« und Organisator und Moderator der Montagsdemonstrationen in Dresden. 1990 bis 2001 Oberbürgermeister von Dresden. 2001 bis 2008 Geschäftsführer der Kommunalen DatenNetz GmbH. 2008 bis 2010 Vorsitzender der Expertenkommission der Sächsischen Staatsregierung für das Jubiläum »20 Jahre Friedliche Revolution und Deutsche Einheit«. Seit 2010 Vorsitzender des Trägervereins der Gedenkstätte Stasi-Haft Dresden und seit 2014 Mitglied des Stiftungsrats der Stiftung Sächsische Gedenkstätten.

Die Ostdeutschen waren auch damals nicht einer Meinung

Wolfgang Thierse

Dreißig Jahre sind nun schon vergangen, seit friedlicher Revolution, Zusammenbruch des Kommunismus, Überwindung des Ost-West-System-Konflikts und deutscher Wiedervereinigung. Die Folgen dieser wahrlich welthistorischen Umwälzungen beschäftigen uns in der jeweils aktuellen Politik und im alltäglichen Leben, sie sind Gegenstand der demokratischen Auseinandersetzung. Die Erinnerungen an »damals« verblassen allmählich, aber immer mal wieder flackert Streit auf, gerade auch anlässlich des Jubiläums in diesem Jahr. Das ist wohl unvermeidlich – schließlich waren die Ostdeutschen, die DDR-Bürger auch damals nicht einer Meinung! Wir sollten uns trotzdem an die Zeiten erinnern, um zu begreifen, wie wenig selbstverständlich alles war.

Im Spätsommer und Herbst 1989 hatten die Ostdeutschen auf wöchentlich wachsenden Demonstrationen in Leipzig und anderen Städten ihre Angst verloren – die Angst, die die halbe Macht der Diktatur ist –, und sie hatten zugleich ihre Sprache, ihren Mut wiedergefunden: »*Wir* sind das Volk!«, riefen die Demonstranten, und dieser Ruf war Ausdruck eines neu erwachten Selbstbewusstseins. *Wir* und nicht ihr da oben, ihr SED-Herrschaften! Und zur gleichen Zeit die Fluchtwelle via ungarisch-österreichischer Grenze, über die bundesdeutschen Botschaften in Prag und Warschau. Erst als (wieder) Tausende flüchteten oder Ausreiseanträge stellten, war es eine Drohung,

»Wir bleiben hier« auf ein Plakat zu schreiben: Wir überlassen das Land nicht euch, nicht der SED und der Stasi. (In einem Gefängnis ergibt eine solche Losung keinen Sinn.)

Die Zuversicht wuchs, dass man gemeinsam etwas ändern könnte, endlich. Ein Transparent, das im Herbst 1989 in Leipzig zu sehen war, formulierte es: »Jetzt oder nie, Freiheit und Demokratie!« Um die geradezu existenzielle Bedeutung dieser Losung zu verstehen, muss man in die Geschichte zurückgehen. Die erste Erhebung gegen die sowjetkommunistische Herrschaft fand in der DDR statt – am 17. Juni 1953 (ich war damals neun Jahre alt). Der Aufstand wurde von den sowjetischen Truppen niedergeschlagen. Es folgten 1956 die Aufstände in Polen und Ungarn (ich war zwölf Jahre alt). Sie wurden von den sowjetischen Truppen niedergeschlagen. Der 13. August 1961 (ich war 17 Jahre alt): Der Bau der Mauer erfolgte im Schutz der sowjetischen Truppen. 1968 (ich war 24 Jahre alt): Der Versuch eines menschlichen, demokratischen Sozialismus im Prager Frühling wurde unter Führung der sowjetischen Truppen niedergeschlagen. 1980/81 (ich war 37 Jahre alt): Die polnische Bewegung Solidarnosc wurde in einem Kriegsrecht im Schutz der sowjetischen Truppen unterdrückt. – Die Geschichte der DDR und unserer östlichen Nachbarn war eine Geschichte der enttäuschten Hoffnungen, der bitteren Niederlagen, bis nur der Mut der Verzweiflung blieb. Und die Einsicht: Erst wenn sich in Moskau etwas ändert, dann sind vielleicht auch bei uns Änderungen möglich. Ein neuer, vielleicht letzter Hoffnungsschimmer, der sich mit Gorbatschow, mit »Perestroika« und »Glasnost« verband. Das war die Stimmungslage 1989: zwischen Verzweiflung und Hoffnung, zwischen Angst und Mut. Und der Mut hat schließlich obsiegt! So habe ich es damals empfunden, und noch heute bewegt mich die Erinnerung daran.

Die bis dahin weitgehend atomisierte Zivilgesellschaft organisierte sich: Neue Initiativgruppen und Bündnisse übernahmen die politische Verantwortung in den Gemeinden, in den Städten, im Staat. Und die alten Machthaber verloren nach und nach ihre zuvor unkontrollierte, unbeschränkte Macht. Überall entstanden in dieser »revolutionären Phase« Runde Tische zur Regelung der dringendsten Fragen – unter Beteiligung aller gesellschaftlichen Gruppen – und meist unter Moderation von (evangelischen und katholischen) Pastoren.

Ich selbst engagierte mich 1989 beim Neuen Forum und trat dann im Januar 1990 der von Bürgerrechtlern neu gegründeten Partei SPD-Ost bei. Schon wenige Monate später wurde ich zum Vorsitzenden dieser Partei gewählt: Auf so atemberaubende Weise werden Biografien in revolutionären Zeiten beschleunigt!

Mein Eintritt in die SPD (damals noch SDP) war sowohl eine emotionale wie nüchtern-politische Entscheidung gewesen. Schon seit den Sechziger- und Siebzigerjahren hatte ich mit der Sozialdemokratie sympathisiert, vor allem wegen der Ost- und Entspannungspolitik Willy Brandts. Sie überzeugte mich als die realistische Alternative zu einer Konfrontationspolitik, die uns eingesperrten Ostdeutschen nicht half, sondern Deutschland immer tiefer spaltete. Das Adenauer'sche Gerede von den »armen Brüdern und Schwestern« in der »Soffjetzone« empfand ich spätestens nach dem 13. August 1961 nur noch als hohl. Schließlich war der Mauerbau eine Niederlage nicht nur des kommunistischen Regimes, sondern auch westlicher Politik.

Politisch resultierte mein Eintritt in eine Partei aus der Wahrnehmung einer sichtbar werdenden Ohnmacht der Bürgerbewegung: So schön die leidenschaftlichen Diskussionen in den großen Veranstaltungen des Neuen Forum waren, wir kamen nicht voran. Es war die gemeinsame Schwäche der Oppositionsgruppen, dass sie nicht früh und entschieden genug die Machtfrage wirklich gestellt haben. Der Runde Tisch war faszinierend, ein großes Instrument des Übergangs und der Demokratisierung! Aber daneben wurde, fast übersehen, Macht ausgeübt: Die SED hatte sich (nur) umbenannt, die Stasi hatte einen neuen Namen, die Regierung Modrow war eine Verlegenheit. Es musste jetzt um eine neu legitimierte politische Macht gehen, das wollten die Neugründer der SPD in der DDR, sie drängten auf Wahlen.

Das passierte dann am 18. März 1990. An diesem Tag erhielten die Forderungen vom Herbst 1989 ihre auch formell demokratische Legitimation. An diesem Tag machten die mündig gewordenen Bürgerinnen und Bürger der DDR eine ganz neue Erfahrung – ihr Kreuz auf einem Wahlschein war wirklich etwas wert: Sie wählten die zehnte und zugleich letzte Volkskammer – und das war eine, die diesen verpflichtenden Namen auch verdiente. Nach knapp sechs Jahrzehnten und zwei Diktaturen konnten die Ostdeutschen erstmals in einem demokratischen Verfahren auf die politische Gestaltung ihres Landes Einfluss nehmen. (Mein Vater hat in seinem ganzen Leben kein einziges Mal an einer wirklich freien Wahl teilnehmen können!)

So schmerzlich das Wahlergebnis für uns Sozialdemokraten (und erst recht für die Freunde aus der Bürgerbewegung) war, so eindeutig war die Aussage dieses Wahlergebnisses. Der Souverän hatte dem Parlament einen klaren Auftrag erteilt: die Herstellung der deutschen Einheit. An neuen realsozialistischen politischen Experimenten war die Mehrheit des Volkes nicht interessiert. Zu beantworten war die Frage, auf welchem Weg dieser Wählerauftrag umsetzbar ist, nach Artikel 23 oder nach Artikel 146 des Grundgesetzes. Die ausgehandelte Formel lautete: zügiger Beitritt, aber zuvor Verhandlungen. Dies war dann in der Tat der einzig realistische Weg einer schnellen Überwindung der deutschen Teilung.

Nur sechs Monate hatte die Volkskammer Zeit, die staatliche Einheit in Selbstbestimmung und in Anerkennung ihrer historischen Verantwortung zu vollenden. Der Regelungsbedarf war gewaltig. Zu den politisch schwierigsten und hochkomplexen Gestaltungsfeldern zählten die Wirtschafts-, Währungs- und Sozialunion, ebenso die vielfältigen Rechtsangleichungen, die vorzunehmen waren. Diese Volkskammer war ein verdammt fleißiges Parlament. In 38 Plenarsitzungen, so hat man nachgezählt, wurden 164 Gesetze und 93 Beschlüsse verabschiedet! Eine atemberaubende Geschwindigkeit – aber sollten, konnten wir langsamer sein?!

Die Frage nach dem Tempo der Vereinigung, nach dem Datum des Beitritts der DDR zur Bundesrepublik war Gegenstand intensiver Auseinandersetzungen. Ich erinnere mich an die dramatische nächtliche Sitzung der Volkskammer vom 22. zum 23. August 1990. Die Fraktion der DSU hatte – als Verbeugung vor dem auf der Empore anwesenden Bundeskanzler Helmut Kohl – den sofortigen Beitritt verlangt. Es folgten eine Sitzungsunterbrechung, aufgeregte Diskussionen in den Fraktionen, Verständigung zwischen CDU- und SPD-Fraktion (Lothar de Maizière war in unsere Fraktion gekommen), Wiedereröffnung der Debatte mit einer Erklärung de Maizierès, neue Unterbrechung, dann heftige Debatte mit Beiträgen von Günther Krause, Wolfgang Thierse, Gregor Gysi (besonders lang) und weiteren Rednern, eine weitere Sitzungsunterbrechung, namentliche

Abstimmung des DSU-Antrages, der abgelehnt wurde, dann neuer Vorschlag des 3. Oktober, weitere Sitzungsunterbrechung mit folgender Debatte zu diesem Vorschlag.

Aus dieser Debatte will ich ein paar Sätze aus meiner Rede zitieren, die die nächtliche Stimmung damals charakterisieren und die mir beim Wiederlesen nach dreißig Jahren noch immer nicht falsch erscheinen: »Herr Präsident! Meine Damen und Herren! Wir sind in einer eigentümlichen Situation, man kann das ein Dilemma nennen. Wir können nicht damit drohen, nicht beizutreten, und dabei meinen, wir hätten dadurch eine starke Verhandlungsposition (anhaltender Beifall bei der SPD, CDU/DA und FDP). Das ist eine Illusion hinsichtlich der Verhandlungsposition und ist eine Selbsttäuschung gegenüber unserer Bevölkerung. Das muss man ganz klar sehen (Beifall bei der SPD/CDU/DA und FDP). Weiterhin wird auch nach einem Beitritt – das wissen wir doch alle – der Kampf um die Verwirklichung sozialer Interessen, um Gerechtigkeit, um die ökonomische und soziale Gestaltung des einigen Deutschlands weitergehen (Unruhe im Saal). Wir müssen nicht die Illusion haben oder die Erwartung, dass in dem Einigungsvertrag alles geregelt werden kann. Ich bin sicher, der Beitritt wird nicht Wunder bewirken, aber er sortiert die Kräfte neu, unter denen dann dieselben Themen weiter zu behandeln sind. Im Übrigen sage ich es noch einmal: Wir sollten auch nicht die schwarze Illusion erwecken, dass wir unter die Räuber fallen (starker anhaltender Beifall bei der CDU/DA und FDP).«

Die Entscheidung für den Beitrittstermin 3. Oktober erfolgte in namentlicher Abstimmung mit einem sehr deutlichen Ergebnis: 294 zu 62 (bei sieben Enthaltungen). Nach Verkündung dieses Ergebnisses und verbreitetem Beifall trat Gysi ans Rednerpult und sagte betroffen-pathetisch: »Das

Parlament hat soeben nicht mehr und nicht weniger als den Untergang der DDR beschlossen ...«, was nun wiederum Jubel bei CDU/DA und DSU auslöste. Ich habe in diesem Moment meine Hände nicht gerührt, aber ich empfand doch, dass ein geschichtliches Kapitel und auch eines meiner Biografie zu Ende ist! Die Sitzung endete nachts um drei Uhr.

Der Beitrittsbeschluss erging erst nach Abschluss des Einigungsvertrages und der Zwei-plus-Vier-Verhandlungen. Die Zustimmung der vier Siegermächte des Zweiten Weltkriegs und das Einvernehmen mit unseren Nachbarn – sie waren notwendige Voraussetzungen für die deutsche Einheit.

Manche kritisieren (bis) heute, der Beitritt sei keine Vereinigung gleichberechtigter Partner gewesen. Gewiss, es war keine Vereinigung von Gleichen: Die Wirtschaft der DDR lag 1990 bereits am Boden und drohte in den folgenden Monaten vollständig zusammenzubrechen. Unübersehbar war auch der politische Wille einer breiten Mehrheit der Bevölkerung in der DDR zu einer raschen Vereinigung: »Kommt die D-Mark, bleiben wir. Kommt sie nicht, geh'n wir zu ihr.« – Das war eine der häufigsten Losungen im Frühjahr 1990. Und nicht zuletzt konnte damals niemand vorhersehen, wie lange die außenpolitische, die internationale Lage eine Vereinigung erlauben würde. (Der Putsch gegen Gorbatschow im August 1991 hat im Nachhinein jene bestätigt, die fürchteten, die internationale Zustimmung für eine Vereinigung der beiden deutschen Teilstaaten würde eventuell nur während eines kurzen Zeitfensters bestehen.) Die Chance musste also genutzt werden!

Dass nicht alle Ostdeutsche mit den gleichen Gefühlen auf die damaligen Ereignisse und auf die Veränderungen der vergangenen dreißig Jahre blicken, ist verständlich und erklärlich. Aber mich ärgert der Ton des Vorwurfs, auch die aus aktuellen Nöten und Ängsten sich speisende Verklärung der DDR und erst recht der Missbrauch der Erinnerung an die friedliche Revolution und die Verfälschung von DDR-Realitäten durch Pegida und AfD!

Die Kritik am deutschen Einigungsprozess ist in den vergangenen Jahren und erst recht in den vergangenen Monaten immer wieder laut geworden: Eine ganz andere Art von Einheit, ein anderer Sozialismus wäre damals möglich gewesen und eine große Chance sei vertan worden! Nun bin ich nicht genug Hegelianer, um das, was wirklich geworden ist, allein deshalb schon für vernünftig zu halten. Aber ein nüchterner Rückblick tut not. Der Verfassungsentwurf des Runden Tisches ist ein großartiger Text – aber hatten wir Zeit für eine breite Verfassungsdiskussion in der zu Ende gehenden DDR? Gab es eine wirkliche Alternative zum Beitritt nach Artikel 23? Angesichts der starken Beschleunigungsfaktoren, die damals wirksam waren: die teilweise wütende Ungeduld der DDR-Bürger (noch im Jahr 1990 verließen Hunderttausende die DDR gen Westen), der faktische Zusammenbruch der DDR-Wirtschaft, die außenpolitische Ungewissheit, ob Gorbatschow und die Sowjetunion einer Einheit zustimmen würden. Nein, auch nachgetragene Hoffnungen können Illusionen sein.

Aus der erzwungenen Beschleunigung ergab sich auch das Grundmuster der deutschen Einigung, über das man ohne moralische Schuldzuweisungen sprechen sollte: Es war die Vereinigung von zwei Ungleichen, von einem erfolgreichen System und einem gescheiterten System. Im Westen wirkte der Zusammenbruch des ostdeutschen Systems als Bestätigung des Status quo, im Osten bewirkte er eine radikale Veränderung.

Die einen wurden die Lehrmeister, die anderen Lehrlinge. Das ist ein schmerzliches Beziehungsverhältnis, das gerade im Osten lang anhaltende Wirkungen erzeugte.

In Erinnerung ist mir aber auch die patriarchale Prägung, die Helmut Kohl dem Einigungsprozess gegeben hat. Seine beruhigenden Versprechen nach dem Motto: »Ich nehme euch an die Hand und führe euch ins Wirtschaftswunderland« hat gewirkt und zu CDU-Wahlerfolgen geführt. Aber die Ostdeutschen sollten ehrlich zu sich selber sein: Eine Mehrheit wollte in ihrer Zukunftsunsicherheit Helmut Kohls Versprechungen unbedingt glauben, wollte so schnell wie möglich unter das rettende Dach der Bundesrepublik Deutschland. Das war durchaus verständlich. Aber je größer die Versprechen und die Erwartungen und das Glauben-Wollen, umso größer die späteren Enttäuschungen! Bis heute!

Selbst eine friedliche Revolution konnte nicht ohne Personalwechsel auskommen. Wir wollten schließlich die alten SED-Eliten loswerden. Das ging nicht ohne die Übernahme von Positionen durch Westdeutsche. Das ist nicht in jedem Fall gut gelaufen und war oft mit persönlichen Zurücksetzungen und Verletzungen verbunden. In der Wirtschaft, in der Justiz, in den Medien war dieser Wechsel unausweichlich. In der Politik aber konnten die Ostdeutschen ihresgleichen wählen – und sie haben die westdeutschen Biedenkopf und Vogel und Ramelow gewählt. Und heute: wählen die, die über die Kolonisierung des Ostens durch den Westen klagen, westdeutsche AfD-Funktionäre übler Art!

Schuldzuweisungen und Vorwürfe sind in den vergangenen Jahren üblich geworden unter vielen Ostdeutschen – an die Treuhandanstalt, an »die da oben«, an »den Westen«, an »die Politik«. Wirklich befreiende Wirkung haben sie nicht, sie helfen uns Ostdeutschen auch nicht! Schauen wir lieber kritisch auf uns selbst.

Ist es eine Nestbeschmutzung, wenn ich eine weiterwirkende, tiefe autoritäre Prägung wahrnehme. Selbstverantwortliche, selbstbewusste Bürgerschaftlichkeit war nicht oder kaum möglich in der DDR. Sie war schließlich als SED-Diktatur ein autoritärer Staat oder, wie Rolf Henrich in seinem berühmten, 1989 erschienenen Buch sie genannt hat, ein »vormundschaftlicher Staat«. Von »organisierter Verantwortungslosigkeit« hatte Rudolf Bahro bereits in den Siebzigerjahren gesprochen. Die Nachwirkungen dieser Prägung werden noch laut in den Vorwürfen »an die da oben«, »die im Westen«. Die sollen's richten, die sind schuld, »die sollen doch erst mal uns integrieren«.

Ich erinnere – und weiß, dass das wehtut – an die unbewältigte Nazi-Erbschaft. Es gab gewiss in der DDR einen authentischen Antifaschismus, zumal in ihrer Frühzeit. Aber dieser wurde zunehmend zu einem autoritären Antifaschismus von oben, zu einem Instrument der politisch-weltanschaulichen Erziehungsdiktatur. Die DDR hat das Nazi-Erbe einfach an den Westen delegiert, »wir« gehörten ja schließlich zu den Siegern über den Faschismus. Ein kulturell-moralisches 1968 gab es bei uns nicht. Antisemitismus und Ausländerfeindlichkeit wurden nicht wirklich bearbeitet, sondern unter den Teppich gekehrt. Und auch das Eingesperrtsein vierzig Jahre lang hatte schließlich Folgen.

Ich erinnere – auch wenn es manche nicht wahrhaben wollen – an unsere zähen ostdeutschen Minderwertigkeitskomplexe. Viele Ostdeutsche haben ja immer mit dem Blick nach Westen gelebt und sich deshalb immer als schwächeren, weniger erfolgreichen Teil empfunden. Der westdeutsche Maßstab wirkt bis heute nach bei allen Debatten über den

Stand der deutschen Einheit. Wie wäre es, die Ostdeutschen hätten damals auch nach Osten geblickt und würden es heute gelegentlich tun. Der Blick nach Polen, Tschechien, Ungarn, Russland verkleinert unsere ostdeutschen Probleme gewiss nicht, aber er könnte doch unsere emotionalen Wertungen ein wenig relativieren helfen.

Ich beklage eine auffällige Unfähigkeit und Unwilligkeit vieler Ostdeutscher zu positiver Selbstwahrnehmung. Ich wage gar nicht von Stolz zu reden. Dabei haben wir Ostdeutsche Anlass, mit Selbstbewusstsein auf die friedliche Revolution und die Bewältigung einer dramatischen und schmerzlichen Transformation zu blicken. Das ist doch eine große soziale und kulturelle und menschliche Leistung! Wir haben einen Erfahrungsschatz gewonnen, der für die vor uns stehenden, vermutlich nicht weniger dramatischen Veränderungsprozesse von Vorteil sein könnte, sein sollte.

Nach dreißig Jahren können wir begreifen, dass die deutsche Vereinigung noch ein längerer Prozess sein wird. Dass es für sie nicht nur weiterer ökonomischer Anstrengungen bedarf, sondern auch der Demokratiearbeit, der emotionalen Arbeit und der kommunikativen Verständigung, damit die Einheit gelingt. Das wird wohl länger dauern, als wir es uns vorgestellt und gewünscht haben. Das ist kein Grund für Wut und Empörung, meine ich, jedenfalls dann nicht, wenn immer wieder kleinere und größere Fortschritte sichtbar werden – Fortschritte in Sachen Angleichung der wirtschaftlichen Leistungskraft, der Einkommen, der sozialen Sicherheit, der menschlichen Annäherung und vielleicht gar der Lebenszufriedenheiten und der Anerkennung unterschiedlicher Biografien!

Wolfgang Thierse, geboren 1943 in Breslau, von Beruf Kulturwissenschaftler und Germanist. Er war Mitglied der frei gewählten Volkskammer und Vorsitzender der SPD in der DDR. Von 1990 bis 2013 war er Bundestagsabgeordneter und viele Jahre Bundestagspräsident und Vizepräsident, stellvertretender Parteivorsitzender der SPD, Vorsitzender der Grundwertekommission und des Kulturforums der Sozialdemokratie.

3. TEIL

DIE TEILUNG ÜBERWINDEN HEISST TEILEN LERNEN

3. Oktober 1990

Reiner Kunze

Interview »Passauer Neue Presse«, Passau
Fragen: Dr. Heinrich Gartz

Sie haben als Dichter, der in der ehemaligen DDR aufgewach-
sen ist und jetzt in der Nähe von Passau wohnt, mit besonderer
Sensibilität den Prozeß der Einheit Deutschlands beobachtet.
Begrüßen Sie die Vereinigung, oder sehen Sie in dieser Entwick-
lung neue Gefahren?

Vor fast drei Jahrzehnten schrieb ich ein Gedicht, das beginnt:

Nun bin ich dreißig jahre alt
und kenne Deutschland nicht:
die grenzaxt fällt in Deutschland wald.
O land, das auseinanderbricht
im menschen ...

Ich litt an der Grenze, die Deutschland teilte, seit es sie gab,
und wie sehr dieses Land in den Menschen auseinandergebro-
chen ist, erleben wir heute ... Können Sie verstehen, daß ich
die Vereinigung begrüße? – Gefahren? Eine politische Veränderung dieses Ausmaßes ist ohne Gefahren undenkbar. Zum
Beispiel vereinigen sich nicht nur diejenigen, die die Demokratie nicht gefährden werden. Das »sozialistische Potential«
der DDR, das man als »subversives Element« in das vereinte
Deutschland einzubringen gedenkt (wörtliche Formulierung

aus einer Diskussion in der Ost-Berliner Akademie der Künste), wird mit einem nicht zu unterschätzenden ideologischen Potential bei uns fusionieren, und die nationalsozialistisch-antisemitischen Trupps werden ebenfalls vereint antreten.

Es gibt viele Unzufriedene, obwohl die so lange vom SED-Regime eingesperrten Menschen sich jetzt in jeder Beziehung frei bewegen können und durch die Einführung der D-Mark bessergestellt sind als die Nachbarn in der CSFR und in Polen. Glauben Sie, daß sie mit der neuen Situation des verschärften Wettbewerbs im Beruf schon bald fertigwerden können?

Mit der Vereinigung haben die ehemaligen DDR-Bürger das international verbriefte Recht erhalten, im Schutz von Demokratien in einer Demokratie zu leben. Was hätten viele Deutsche vor einem Jahr noch dafür gegeben! Wir haben noch nicht begriffen, was wir in der Einheit erhalten haben, sonst würden nicht so viele ständig betonen, was sie nicht erhalten haben (wobei sie außer acht lassen, daß sie das meiste davon nie hätten erhalten können, weil die Wirklichkeit im Menschen selbst und die ökonomischen Gegebenheiten auf dem Gebiet der ehemaligen DDR nicht so sind). Wir scheinen uns auch kaum bewußt zu machen, daß die Einheit ohne die Zustimmung der Sieger des Zweiten Weltkriegs und unserer Nachbarn nicht zu haben gewesen wäre und die Zustimmung schon morgen nicht mehr von allen zu haben sein könnte, sonst würden sich nicht so viele in einem Lamento über die Schnelligkeit des Vereinigungsprozesses ergehen (ich spreche nicht vom berechtigten Bedauern bestimmter Auswirkungen dieses leider gebotenen Tempos). – Was das Sichbehaupten in der Marktwirtschaft betrifft, so kann man für den Anfang um einen großen Teil von ehemaligen DDR-Bürgern nur bangen. Die einen – oft die am wenigsten bemittelten – schwimmen unseren Haien direkt ins Maul ... Andere sind in den vergangenen Jahrzehnten jeder Initiative und jeder Risikobereitschaft entwöhnt worden oder in einem Maße abgestumpft (man kann es auch »bequem geworden« nennen), daß sie es schwer haben werden mitzuhalten, und wiederum andere gebrauchen den Ellenbogen bereits gnadenloser als mancher einzig auf seinen eigenen Vorteil bedachte Bundesbürger – besonders gegenüber den Schwächsten, den Ausländern. Aber die meisten werden mit der Zeit mit der neuen Situation fertigwerden ... Ich kenne eine Reihe von meist jüngeren Leuten, die sich schon jetzt unter Einsatz ihrer ganzen Persönlichkeit ans Werk machen ...

Leider gibt es auch hierzulande viele, die zu keinerlei finanziellem Opfer für die Einheit bereit sind. Politiker machen die Milliarden-Kosten zum Wahlkampfthema und spekulieren auf Missgunst und Neid. Ist die Diskussion in dieser Form nötig und angebracht? Oder würden Sie für ein persönliches Opfer plädieren, weil Ihnen die Einheit und die bessere Zukunft der seit sechzig Jahren drangsalierten Bevölkerung, wenn man die Hitler-Zeit dazunimmt, das wert ist?

Deutsche, die noch nicht begriffen haben, was Deutschland und der Welt durch die Einheit gegeben worden ist, leben gewiß nicht nur auf dem Gebiet der ehemaligen DDR. Man kann nur hoffen, daß es sehr bald genügend Deutsche sein werden, die es begreifen, und daß wir genügend schöpferisch, genügend bescheiden und genügend dankbar sind. Ob ich für ein persönliches Opfer plädiere? Ich denke, meine Frau und ich, wir beweisen bereits ein wenig, daß wir diese Frage bejahen …

Sie verfolgen gewiß auch mit Aufmerksamkeit die Diskussion über die Amnestie. Sie selber wurden vom Staatssicherheitsdienst verfolgt, und Ihnen ist großes Unrecht geschehen. Würden Sie es gutheißen, daß alle straffrei ausgehen?

Natürlich nicht. Wer Verbrechen begeht, gehört vor Gericht. Aber von einer Amnestie für alle war ja auch nicht die Rede. Um über dieses Problem sprechen zu können, müßte man wissen, was der letzte Innenminister der ehemaligen DDR weiß, der zu Beginn seiner Amtszeit bei Gorbatschow war. Der Staatssicherheitsdienst der DDR dürfte eine der vollkommensten Schöpfungen des sowjetischen Geheimdienstes gewesen sein. Ich halte es nicht für ausgeschlossen, daß zum Preis für die deutsche Einheit gehört, alles, was auf dem Gebiet der DDR die Interessen des sowjetischen Geheimdienstes berührt, nicht anzutasten, ihm den geordneten Rückzug zu decken und zu ermöglichen, seine besten Leute aus dem Sicherheitsdienst neu zu positionieren. Das wäre eine unsichtbare Mitgift in der deutschen Ehe, bei der mich schaudert, aber die Vermutung, es könnte sie geben, liegt nahe. Andererseits, und auch das sollte man bedenken: Gorbatschow, dessen Realismus wir diese politische Entwicklung letztlich verdanken, war Chef des sowjetischen Geheimdienstes.

Würden Sie es für richtig halten, dass auch die Staatsführung, darunter SED- und DDR-Staatschef Honecker sowie Stasi-Chef Mielke, zur Verantwortung gezogen werden?

Wenn gilt, daß, wer Verbrechen begeht, vor Gericht gehört –
wer, wenn nicht sie? Mein eigenes seelisches Befinden würde
von der Tatsache, diese Herren rechtskräftig verurteilt zu wissen, jedoch nicht tangiert. Mich treiben keine Rachegefühle
um. Was mich tangieren würde, wäre, daß diese Leute (aber
nicht nur sie, sondern alle in Staatssicherheit und Partei, die
sich schuldig gemacht haben) Gelegenheit bekämen, wieder
Macht über andere Menschen auszuüben.

Veröffentlicht am 4. Oktober 1990 in der Passauer Neuen
Presse.

Die Treuhand als Sündenbock

Norbert F. Pötzl

1990 war das aufregendste Jahr meines Journalistenlebens. Am 1. Januar übernahm ich die Leitung des Berliner »Spiegel«-Büros. Als ich im Sommer 1989 meinen Arbeitsvertrag unterschrieb, war noch nicht abzusehen, wie rasch die DDR zusammenbrechen würde.

Meine erste Begegnung mit einem prominenten Bürgerrechtler fand im Januar 1990 in einer Gaststätte im Leipziger Hauptbahnhof statt. Der Gesprächspartner, der sich vertraulich an den »Spiegel« gewandt hatte, berichtete von Gerüchten, dass der zwei Monate zuvor gewählte Vorsitzende der Ost-CDU, Lothar de Maizière, inoffizieller Mitarbeiter (IM) der DDR-Staatssicherheit gewesen sei. Belege gab es zunächst nicht. Erst im Herbst 1990 fand man Karteikarten mit dem Decknamen »IM Czerni«, die dem Rechtsanwalt de Maizière zugeordnet werden konnten; eine bewusste Zusammenarbeit mit der Stasi war dem Kirchenjuristen aber nicht nachzuweisen.

Ich besuchte Bärbel Bohley, die Ikone der friedlichen Revolution, in ihrer Wohnung, sprach mit Mitgliedern des Neuen Forum. Sie plädierten für einen »dritten Weg« zwischen Sozialismus und Kapitalismus, für eine demokratisch umgestaltete, aber eigenständige DDR.

Die breite Mehrheit der DDR-Bevölkerung wollte etwas anderes. Die Parole auf den Straßen hieß: »Kommt die D-Mark, bleiben wir, kommt sie nicht, geh'n wir zu ihr.« Hunderttausende von DDR-Bürgern waren seit der Maueröffnung am 9. November 1989 bereits in den Westen übergesiedelt. Im Februar 1990 bot Bundeskanzler Helmut Kohl (CDU) der DDR eine Währungsunion an – als Vorstufe zur staatlichen Einheit.

SED-Ministerpräsident Hans Modrow, seit Mitte November 1989 im Amt, nahm Anfang Februar acht Vertreter der oppositionellen Gruppierungen als Minister ohne Geschäftsbereich in seine Regierung auf. Den Vorschlag des Zentralen Runden Tisches, eine »Treuhandgesellschaft« zu gründen, die Anteilsscheine am »Volkseigentum« an alle DDR-Bürger ausgeben sollte, griff Modrow nicht auf, obwohl er, ebenso wie die Antragsteller von »Demokratie Jetzt«, von einem illusorisch großen »Volksvermögen« ausging. Auf bis zu 1600 Milliarden DDR-Mark bezifferten sie den Wert der »volkseigenen« Betriebe – ungeachtet ihres zumeist maroden Zustands, ihrer veralteten Anlagen und der von ihnen angerichteten Umweltschäden.

Die Treuhandanstalt, die im März 1990 ihre Tätigkeit aufnahm, stopfte Modrow mit SED-Genossen voll, nur an die Spitze wurde ein langjähriger Funktionär der Blockpartei LDPD berufen. Das Direktorium bildeten drei ehemalige SED-Politiker aus Plankommission und Ministerrat. Als Mitarbeiter rekrutierten sie durchweg alte Genossen aus der sozialistischen Planwirtschaft. Diese taten nichts anderes, als die »Volkseigenen Betriebe« in Kapitalgesellschaften umzuwandeln; strukturelle Veränderungen, um die Unternehmen für die Marktwirtschaft fit zu machen, packten sie erst gar nicht an. Die Aufsichtsräte und Geschäftsführungen der Unternehmen besetzten die Treuhand-Direktoren mit entlassenen Kombinatsleitern, Ex-Ministerialen und früheren Parteisekretären.

Ehemalige SED-Kader brachten unter der Modrow-Regierung ihre Schäfchen ins Trockene. Der Generaldirektor der Interhotel-Kette, Helmut Fröhlich, gründete mit der west-

deutschen Steigenberger-Gruppe eine gemeinsame Tochtergesellschaft, die mit jedem einzelnen der 34 Interhotels Pacht-
verträge zu sittenwidrigen Konditionen abschloss. Der Coup
gelang Fröhlich mithilfe zweier Vertrauter in der Treuhandanstalt, eines Ex-Ministers und eines Ex-Staatssekretärs. Die Verträge, die die Interhotels unverkäuflich gemacht hätten, konnten von der Treuhand erst mit gerichtlicher Hilfe rückgängig
gemacht werden.

Edgar Most, Vizepräsident der DDR-Staatsbank, löste das
Privatgeschäft aus der Zentralbank heraus, gründete seine
eigene Kreditbank und mit der (west-)Deutschen Bank eine
gemeinsame Tochtergesellschaft. Von Mosts Geschäftsmodell
profitierten auch andere westdeutsche Banken: Sie erwarben
ostdeutsche Kreditinstitute für geringe Millionenbeträge und
übernahmen Forderungen gegenüber ostdeutschen Betrieben
in Multimilliardenhöhe. Weil die Unternehmen außerstande
waren, die »Altschulden«, DDR-spezifische Investitionskredite,
abzulösen, tilgte sie die Treuhand.

Günter Ullrich, Vizechef der Staatlichen Versicherung,
verschacherte das ostdeutsche Monopolunternehmen an den
westdeutschen Marktführer Allianz und sicherte sich selbst
einen lukrativen Posten.

Wie sehr die Freiheitshelden des Herbstes 1989 ins Abseits
gerückt waren, erwies sich bei der einzigen freien Volkskammerwahl am 18. März 1990: Die im Bündnis 90 vereinigten Bürgerrechtler landeten abgeschlagen bei 2,9 Prozent.
Überraschungssieger wurde die Ost-CDU mit 40 Prozent.

Bis zuletzt hatten Meinungsumfragen die SPD weit vorn
gesehen. Deshalb waren die meisten Journalistenkollegen zur
Wahlparty der vermuteten Gewinner in den Saalbau Fried-
richshain gepilgert. Ich hatte mich dafür entschieden, in die

Gaststätte Ahornblatt an der Fischerinsel zu gehen, wo die CDU die Wahlergebnisse erwartete. Ich stand direkt neben Lothar de Maizière, als er, von dem Wahlerfolg sichtlich überwältigt, von einem »unerwartet guten Ergebnis« sprach. »Können Sie nicht mal was zum Geld sagen?«, fragte eine Reporterin de Maizière im Getümmel. Aber der Wahlsieger erklärte nur vage, dass die Verhandlungen über die Währungsunion zügig zu Ende geführt werden müssten.

Am 1. Juli 1990 war es so weit. Die DDR-Bürger hatten durchgesetzt, dass Löhne, Renten und, je nach Alter bis zu unterschiedlichen Obergrenzen, Sparguthaben eins zu eins umgetauscht wurden. Als die Bundesbank im Frühjahr einen Wechselkurs von zwei zu eins angeregt hatte, waren Hunderttausende entrüstet auf die Straßen gegangen. »Ohne eins zu eins werden wir nicht eins«, skandierten sie. Die paritätische Umstellung war vorteilhaft für die Menschen – eine Halbierung des Nominalwerts hätte sie in Armut gestürzt; aber der Wechselkurs war ruinös für die Wirtschaft, deren Produkte sich schlagartig um 400 Prozent verteuerten.

Viele DDR-Betriebe konnten nicht einmal mehr die Löhne ihrer Mitarbeiter bezahlen. Die neue Treuhandanstalt, unter der Regierung de Maizière gegründet, musste mit Milliardenkrediten erst einmal das Überleben der Unternehmen sichern. Allein im Juli 1990 wurden zehn Milliarden Mark als Liquiditätskredite ausgereicht.

Hinzu kam, dass fast alle DDR-Bürger nur noch Westwaren kauften und damit den heimischen Unternehmen die Existenzgrundlage entzogen. Lothar de Maizière appellierte an seine Landsleute, Nahrungsmittel aus eigener Produktion zu kaufen: »Unsere Waren sind nicht schlechter, sie sehen nur nicht so schön aus.«

Verschmäht wurde etwa der neue, mit einem VW-Motor ausgestattete Wartburg 1.3 aus Eisenach. Selbst der Schnäppchenpreis von 7800 D-Mark konnte kaum Käufer locken, obwohl er 6600 D-Mark unter den Herstellungskosten lag – die Differenz bezahlte die Treuhand, bis die Millionendefizite im Frühjahr 1991 zur Produktionseinstellung zwangen. Der Trabant aus Zwickau mutierte zum Spaßmobil für ein paar Liebhaber.

Ich fuhr oft durch Ostdeutschland, sah die verfallenden Fabriken, roch die verpestete Luft, erschrak über die giftigen Abwässer. Der Augenschein wirkte ernüchternd auf einen, der an die auch im Westen verbreitete SED-Propaganda geglaubt hatte, die DDR gehöre zu den zehn führenden Industrienationen der Welt. Selbst Modrow gestand im März 1990 ein, dass 27 Prozent der DDR-Betriebe »konkursreif« seien. Dass die Treuhand bis zum Ende ihrer Tätigkeit im Dezember 1994 rund 30 Prozent der ihr unterstellten Betriebe stilllegte, lag also im Rahmen des Erwartbaren.

Die untergehende DDR erlebte ich als einen weithin rechtsfreien Raum. Volkspolizisten, die früher jede Unbotmäßigkeit gegenüber dem SED-Regime unnachsichtig geahndet hatten, vermieden jetzt jede Konfrontation mit den Bürgern. Die Justiz fiel durch außergewöhnliche Milde auf. Die Bürger, die vordem mit preußischem Untertanengeist ihrer Obrigkeit gehorchten, schlugen plötzlich über die Stränge. Nach der friedlichen Herbstrevolution verbreitete sich Anarchie.

Dass bis zum 1. Juli 1990 noch das alte DDR-Arbeitsgesetzbuch galt, kümmerte keinen ostdeutschen Betriebsleiter mehr. Von Rechts wegen hätten Entlassungen nur ausgesprochen werden dürfen, wenn den Betroffenen ein anderer Arbeitsplatz vermittelt worden war. Von den rund vier Millionen

Mitarbeitern, die Anfang des Jahres in den später der Treuhand unterstellten Betrieben beschäftigt waren, wurden bereits im ersten Halbjahr, also vor deren Gründung, 500 000 gekündigt.

Lothar de Maizière ließ im Mai 1990 ein neues Treuhandgesetz vorbereiten, das den Verkauf der »Volkseigenen Betriebe« regeln sollte. Dazu setzte der Regierungschef eine sechsköpfige Arbeitsgruppe ein, der nur zwei Westdeutsche angehörten. Vier kamen aus der DDR: Ost-CDU-Mitglied Günther Krause sowie drei frühere SED-Funktionäre.

In der neuen Treuhand waren noch am 3. Oktober, dem Tag der Einheit, von 379 Mitarbeitern nur 16 Westdeutsche. Erst danach kamen immer mehr Westdeutsche hinzu, aber sie blieben in der Minderheit: Von den bis zu 4000 Mitarbeitern waren stets rund zwei Drittel Ostdeutsche.

In der Nacht zum 23. August, als die Volkskammer den Beitritt der DDR zur Bundesrepublik beschloss, mahnte der SPD-Fraktionsvorsitzende Wolfgang Thierse: »Wir sollten … nicht die schwarze Illusion erwecken, dass wir unter die Räuber fallen.« Doch genau diese Legende wurde alsbald verbreitet. Flott wurde behauptet, die »westdeutsche« Treuhand sei schuld an allem Ungemach in Ostdeutschland. Ihr wurde unterstellt, sie habe die DDR-Wirtschaft zugunsten westlicher Konkurrenz plattgemacht, das Land ausgeplündert und Millionen von Arbeitsplätzen vernichtet.

Drei Jahrzehnte nach Mauerfall und Wiedervereinigung werden solche Geschichten erneut aufgetischt. »Der Schaden, den die Treuhand angerichtet hat«, behauptet Linken-Fraktionschef Dietmar Bartsch, sei »bis heute eine wesentliche Ursache für den ökonomischen Rückstand des Ostens und für politischen Frust vielerorts.« Die sächsische SPD-Ministerin Petra Köpping forderte die Einsetzung einer »Wahrheitskommission«, die das »Unrecht der frühen Nachwendezeit« ergründen solle.

Seit 2016 werden die Akten der Treuhand, die eigentlich der gesetzlichen Sperrfrist von dreißig Jahren unterliegen, sukzessive ins Bundesarchiv überführt. Ich habe als Erster wesentliche Teile davon für mein im vergangenen Jahr erschienenes Buch »Der Treuhand-Komplex« ausgewertet. Vor allem sichtete ich Vorgänge, die in der Vergangenheit skandalisiert worden sind. Und siehe da: Fast nichts ist so, wie es bisher schien.

Bisherige Publikationen stützten sich vorwiegend auf die Schilderungen betroffener Arbeitnehmer. Aber diese Menschen, deren Wut und Enttäuschung verständlich ist, sahen nur das Ergebnis, das Ende ihres Betriebs, nicht jedoch die oft jahrelangen Bemühungen der Treuhand, Betriebe trotz hoher Verluste am Laufen zu halten, bis sie dann doch kapitulieren musste.

Die Akten belegen: Viele Stilllegungen verliefen anders, als bisher kolportiert wurde; die Treuhand hat weniger Arbeitslose zu verantworten, als stets behauptet wird; und an der Transformation waren mehr Ostdeutsche beteiligt, als man gemeinhin annimmt.

Widerlegen lässt sich beispielsweise der oft erhobene Vorwurf, das thüringische Kalibergwerk Bischofferode sei im Interesse der westdeutschen Kali + Salz AG stillgelegt worden. Tatsächlich musste die westdeutsche Firma zu einer Fusion mit der Mitteldeutschen Kali AG, in der die Kalibetriebe der ehemaligen DDR zusammengefasst waren, gedrängt werden. Kein Investor mochte die defizitären Betriebe übernehmen. Nach der Währungsunion lagen die Produktionskosten in Bischofferode bei 740 D-Mark je Tonne, auf dem Weltmarkt wurde Kali durchschnittlich für 134 D-Mark abgebaut.

Allein in Bischofferode betrugen die Verluste jedes Jahr mehr als zwanzig Millionen Mark. Auf Vorschlag der IG Bergbau und Energie fusionierte schließlich Kali + Salz mit der Mitteldeutschen Kali AG, wobei beiderseits der ehemaligen Grenze jeweils zwei Schächte geschlossen und jeweils rund 1800 Stellen abgebaut wurden. Bischofferode, der unwirtschaftlichste aller ostdeutschen Kalischächte, wurde zugunsten eines anderen thüringischen Standorts aufgegeben.

Als Märchen erweist sich auch die Behauptung Petra Köppings, das Elektrokeramikwerk Margarethenhütte in Großdubrau bei Bautzen sei »zugunsten der Konkurrenz«, der westdeutschen natürlich, liquidiert worden. Alles, was sie in ihrer »Streitschrift für den Osten« (so der Untertitel ihres Buches »Integriert doch erst mal uns!«) darüber erzählt, sind Fakes. Fakt ist: Weil die Großdubrauer Produktionsstätten aufgrund früherer Fehlentscheidungen überdimensioniert waren, beschloss der Aufsichtsrat der Muttergesellschaft Tridelta AG, die Produktion von Elektroporzellan am Standort Sonneberg in Thüringen zu konzentrieren. Die Entscheidung wurde, wie aus den Protokollen von Vorstand und Verwaltungsrat der Treuhand hervorgeht, »einvernehmlich mit den Arbeitnehmern im Aufsichtsrat und dem Betriebsrat der Margarethenhütte«, also ausschließlich von Ostdeutschen, getroffen; die Maschinen wurden auch nicht in den Westen verhökert, sondern in Sonneberg wieder aufgebaut.

Am 1. Juli 1990 beschäftigten die Treuhand-Betriebe 3,5 Millionen Mitarbeiter. Als die Treuhand am 31. Dezember 1994 ihre Tätigkeit einstellte, hatten 1,5 Millionen Arbeitsverträge mit den privatisierten Nachfolgeunternehmen. Knapp eine halbe Million befand sich in Arbeitsförderungs- und Qualifizierungsmaßnahmen, rund eine Million war in Rente oder in den Vorruhestand gegangen; knapp 600 000 waren arbeitslos geworden.

Weitaus mehr Arbeitslose gab es in Bereichen, mit denen die Treuhand gar nichts zu tun hatte. Die Landwirtschaftlichen Produktionsgenossenschaften, die nicht der Treuhand unterstellt, sondern in die Eigenregie der Genossenschaftsmitglieder übergeben wurden, entließen fast 90 Prozent ihrer Mitarbeiter, von einst mehr als 800 000 verloren etwa 750 000 ihre Jobs. Etwa die Hälfte der 260 000 Reichsbahner wurde entlassen, ebenso ein ähnlich hoher Anteil der 2,3 Millionen Beschäftigten im öffentlichen Dienst. Wissenschaftliche Studien und Arbeitsmarktanalysen weisen nach, dass 25 bis 30 Prozent der 1989 in der DDR Beschäftigten ihre Arbeitsplätze stets behalten haben und 60 Prozent auch fünf Jahre später immer noch in den Berufen tätig waren, die sie vorher ausgeübt hatten.

Dass bei der Lösung der beispiellosen Aufgabe der Treuhand auch Fehlentscheidungen getroffen wurden und dass es auch Glücksrittertum und Korruption gab, bestreitet niemand. Aber Fehler und Kriminalität waren kein Massenphänomen, wie es in den Medien oft dargestellt wurde.

Nicht die Treuhand war schuld am Untergang vieler DDR-Betriebe, sie machte nur das von der sozialistischen Planwirtschaft angerichtete Desaster sichtbar. Für die Beseitigung gigantischer Umweltschäden bezahlte die Treuhand 43 Milliarden D-Mark, für Sanierungs- und Investitionsmaßnahmen rund 150 Milliarden D-Mark, für die Tilgung von »Altschulden« der Betriebe 104 Milliarden D-Mark. Unterm Strich machte die Treuhand bei der Privatisierung rund 260 Milliarden D-Mark Verlust.

Treuhand-Kritiker behaupten oft, 80 Prozent der Treuhand-Betriebe seien an westdeutsche Investoren, 14 Prozent an ausländische und nur sechs Prozent an Ostdeutsche verkauft worden. Das stimmt so nicht: Die Prozentangaben beziehen sich nicht auf die Zahl, sondern auf die Kaufpreise der Unternehmen. Es liegt auf der Hand, dass Großbetriebe, die hohe Modernisierungs- und Sanierungsinvestitionen erforderten, nur von kapitalkräftigen Konzernen aus dem Westen erworben werden konnten.

Betrachtet man jedoch die absoluten Zahlen der privatisierten Unternehmen, dann ergibt sich ein ganz anderes Bild. Aus den ursprünglich 8500 Treuhand-Betrieben wurden durch Teilungen mehr als 12 000. 6546 wurden privatisiert, davon rund 3000 als »Management-Buy-out« an leitende Mitarbeiter verkauft, fast durchweg Ostdeutsche. 1588 Betriebe wurden ihren früheren, vom SED-Regime enteigneten Eigentümern zurückgegeben, also ebenfalls genuinen Ostdeutschen. 310 gingen an kommunale, mithin ostdeutsche Träger. Die rund 25 000 »kleinen Privatisierungen« von Geschäften, Buchläden, Kinos, Apotheken usw. sind in dieser Statistik noch nicht einmal mitgezählt.

Für Ostdeutsche, die ihre Arbeitsplätze verloren, war es ein bitteres Schicksal. Aber viele stellen sich heute grundlos als Opfer der Treuhand dar. Manche waren nie Mitarbeiter von Treuhand-Betrieben, andere vermengen fremde Erzählungen mit ihren eigenen Lebensgeschichten. Das kann unbewusst geschehen, kann aber auch eine Strategie sein, um Ansprüche zu stellen und Vorteile zu erlangen.

Von dem Opfernarrativ profitiert seit einigen Jahren die AfD. Die Vorstellung, dass AfD-Wähler ökonomisch Abgehängte seien, widerspricht jedoch allen empirischen Befunden. Viele wählen die AfD genau deshalb, weil sie die rassistische Programmatik gutheißen. So dient die Treuhand schließlich auch als Vorwand für Fremdenfeindlichkeit, die schon in der DDR gegen die asiatischen und afrikanischen Vertragsarbeiter grassierte.

———————

Norbert F. Pötzl, geboren 1948 in Waiblingen bei Stuttgart, war von 1972 bis 2013 Redakteur beim Nachrichten-Magazin »Der Spiegel«; unter anderem leitete er dessen Berliner Büro von 1990 bis 1994. Er ist Autor und Herausgeber zahlreicher Bücher, darunter »Basar der Spione. Die geheimen Missionen des DDR-Unterhändlers Wolfgang Vogel« (1997), »Erich Honecker. Eine deutsche Biographie« (2002) und »Mission Freiheit. Wolfgang Vogel, Anwalt der deutsch-deutschen Geschichte« (2014). Zuletzt veröffentlichte er 2019 »Der Treuhand-Komplex. Legenden. Fakten. Emotionen«. Er lebt und arbeitet in Hamburg.

Am Zonenrand

Monika Fabricius

Auf einmal war es still. Nicht mal ein Atemzug war zu hören. Im Seminarraum herrschte ein Art Schockstarre. Manche Seminarbesucher blickten fragend umher, weil sie nicht glauben konnten, was sie gerade gehört hatten. »Hätte Monika Gueffroy ihren Sohn besser erzogen, dann hätten wir ihn nicht erschießen müssen. Man sollte sie vor Gericht stellen und nicht die Grenzsoldaten.« Das waren die Worte, die der Stille vorangegangen waren, der Beitrag eines Mannes, der in dem Rechtskurs war, den ich im Winter 1992 in Ost-Berlin gab. Der Mann, der Monika Gueffroy vor Gericht sehen wollte, war selbst Grenzsoldat gewesen und in der Nähe von Magdeburg stationiert. Vier Tage saß er in der letzten Reihe des Seminars, teilnahmslos, still und unauffällig. Nur einmal mischte er sich ein, mit diesem einen Statement, das auf mich wie ein Bekenntnis zu seinem Land wirkte, das er an der Mauer glaubte schützen zu müssen. Einem Land, das es seit zwei Jahren nicht mehr gab. Der tiefe gesellschaftliche Graben, der zur friedlichen Revolution von 1989 geführt hatte, war auf einmal in unserem Seminarraum. Eigentlich sollte ich hier als Juristin Grundlagen im Zivil- und Arbeitsrecht vermitteln. Da aber gerade die ersten Urteile in den Mauerschützenprozessen gefällt worden waren und die Zeitungen darüber viel berichteten, dachte ich mir, dass es eine gute Idee wäre, darüber zumindest auch mal kurz zu sprechen. Der Stille folgte ein Sturm der Entrüstung. »Wir waren montags auf der Straße. Hättest du auch auf uns geschossen?« Das schrie ein anderer Mann, der als Erster seine Gefühle in Worte fassen konnte und zum Glück am anderen Ende des Raums saß. Der ehemalige Grenzsoldat schien von den Reaktionen wenig überrascht zu sein. Aber antworten tat er trotzdem nicht. Er hatte alles gesagt. Das machte die anderen immer wütender, ich erinnere mich, wie einer, der zu den Montagsdemonstranten gehörte, von seinem Stuhl aufsprang und auf den Grenzsoldaten losgehen wollte. Sein Nachbar ergriff seinen Arm und drückte ihn sanft zurück auf seinen Stuhl.

Die Wiedervereinigung liegt nun schon lange zurück, damals, als ich Rechtskurse in Ost-Berlin und in Leipzig gab. Aber die heftige Kontroverse ist mir sehr präsent, ich muss immer wieder an sie denken, da ich mir nicht sicher bin, ob die Diskussion von damals wirklich abschließend geführt wurde. Die gesellschaftliche Entwicklung nach der Wiedervereinigung hat sich in den letzten dreißig Jahren nicht nur linear entwickelt, natürlich sind viele Wege gegangen und Fortschritte erreicht worden, aber in zyklischen Abständen werden die alten Konfliktlinien immer wieder sichtbar, wie zuletzt bei der komplizierten Wahl des Ministerpräsidenten Bodo Ramelow in Thüringen.

Ich komme aus dem Zonenrandgebiet – Zone, so nannten in meiner Kindheit diejenigen die DDR, die ihr eine staatliche Souveränität absprechen wollten. Für mich war es einfach die DDR, sie war schon da, als ich 1970 in Braunschweig zur Welt kam, als ein behütetes Wohlstandskind der Bundesrepublik. »Fridays for Future« waren damals die Friedens- und Anti-AKW-Demonstrationen. Die Welt schien einigermaßen übersichtlich, es gab den Osten, den Westen und die Dritte Welt. Der Ost-West-Konflikt bestimmte unseren politischen Alltag. Entlang dieser Grenze, die die beiden

Machtblöcke voneinander trennte, verlief das Zentrum meines Generationenkonflikts. Die Thermik in der Diskussion nahm zu, wenn ich beispielsweise anfing, den Kapitalismus zu kritisieren. »Dann geh doch rüber, wenn es dir hier nicht passt!« Der wirkmächtige Schlussakkord einer Auseinandersetzung, danach war das Gespräch erst mal beendet. Nur gesagt war damit noch nicht alles, denn von dem Drüben hatte ich keine Ahnung.

Drüben, das begann gleich hinter der Mauer, die nicht weit entfernt von meiner Heimatstadt Braunschweig verlief. Sie bildete das östliche Ende meiner Welt, den Zonenrand. Beim Skilanglaufen im Harz führte die Loipe ein Stück an dieser Mauer entlang. Mein Skitrainer wollte, dass wir Mädchen diesen Weg still entlangliefen, weil die DDR-Soldaten in den Grenztürmen mithören würden. Ich war jung und traute mich nicht zu fragen, ob einem nicht die Soldaten leidtun könnten, wenn sie unserem albernen Geplapper zuhören müssten. Hier war kein Platz für Humor. Der Trainer meinte es ernst, er gehörte zu denen, die Zone zu dem anderen Deutschland sagten, anstatt DDR. Wir liefen also schweigend an der Mauer entlang. Dort entlangzulaufen war beklemmend, wir fühlten uns beobachtet, ohne zu verstehen, was das eigentlich für einen Sinn ergab. Manchmal schaute ich vorsichtig hinüber zu den Soldaten in ihren Türmen, hinter dieser Mauer, dem zementierten Symbol der Nachkriegsordnung, die selbst auf mich im Westen so einschüchternd wirkte. Trotzdem war die Mauer für uns etwas Unumkehrbares, es war einfach nicht vorstellbar, wie sie auf friedlichem Weg verschwinden sollte. Ich hatte auch keine Erinnerung an eine Zeit ohne sie. Im Osten gab es eine Generation, die in ihrem Schatten aufwuchs und von der Schriftstellerin Ines

Geipel später als »Mauerkinder« bezeichnet wurde. Wenn ich zurückschaue, denke ich, dass ich auf eine gewisse Art auch Mauerkind bin, nur eben aus dem Westen, dem Zonenrand. Mir fehlte wie vielen anderen meiner Generation die Fantasie, mir vorzustellen, dass es mutigen Frauen und Männern jemals gelingen könnte, diese Grenze zu öffnen.

Aber noch war es nicht so weit. Hinter der Mauer war die DDR, das fremde Land, in das ich vom Harz aus schauen konnte, das scheinbar zum Greifen nah war und doch so unerreichbar weit weg. In der Schule lasen wir am Gymnasium Bertolt Brecht, Anna Seghers und Ulrich Plenzdorf. Vor allem Plenzdorf schaffte es mit »Die neuen Leiden des jungen W.«, dem unbekannten Nachbarland etwas Farbe und einen Alltag zu geben. Die wenigen Bilder aus Ost-Berlin, an die ich mich in meiner Jugend erinnern kann, waren große Militärparaden und Reden von Erich Honecker, die ich unfreiwillig komisch fand. Bei Plenzdorf erfuhr ich etwas über das Leben jenseits der Fernsehbilder. Sein Protagonist Edgar Wibeau war ein Aussteiger, der lieber in einem Gartenhaus leben wollte, als sich den Wünschen und Vorstellungen seiner Eltern zu beugen. Wie recht Edgar doch hatte. Seine Rebellion gegen deren Spießigkeit schien mir im Kern die gleiche zu sein, die uns Jugendliche gegen Bundeskanzler Helmut Kohl und den US-Präsidenten Ronald Reagan aufbrachte.

Musik beschreibt am besten, was ich damals fühlte. David Bowie und viele andere Popikonen führten mich durch das Labyrinth des Heranwachsens. Zu meiner Überraschung hatten meine Heroen aber auch Fans auf der anderen Seite der Mauer. Das Konzert vor dem Reichstag 1987 hörte ich mit vielen aus Ost-Berlin gemeinsam, sie standen nur wenige

Meter von mir entfernt auf der Rückseite des Reichstags. Da gab es Jugendliche wie mich, die die gleiche Musik hörten wie ich, also mussten sie doch auch so fühlen wie ich. Gemeinsam mit den Seelenverwandten aus dem unbekannten Land hörte ich mehrere Tage lang dieses legendäre Konzert. Die Musik verfing sich in unseren aufgewühlten jugendlichen Herzen, sprach uns aus der Seele, und die Mauer, die uns an einer Begegnung hinderte, konnte nicht mehr verhindern, dass uns auf einmal ein tiefes Gefühl miteinander verband.

Im Sommer 1989 lernte ich eine ungewöhnliche Frau aus der DDR kennen. Ich war auf dem Weg in den Übungsraum meines Freundes, lief über ein altes Fabrikgelände und traf dort Freunde, die mir die Frau vorstellten. Sie sei aus dem Osten, so erklärte man mir, ein Freund hätte sie rausgeheiratet. Ich begrüßte sie, verstand aber nicht, was »rausgeheiratet« genau meinen sollte. Heiraten, das war weit weg, das war etwas für wen auch immer, aber nichts für mich und meine Freunde. Ich erfuhr, dass ein schwuler Freund die Frau, die nur wenig älter war als ich, geheiratet hatte, damit sie aus der DDR rauskam. Sie lebte jetzt in Braunschweig, in einer WG, und wollte studieren. Diese Begegnung machte mich nachdenklich. Meine Sehnsuchtsorte hießen damals London oder New York, auf jeden Fall nicht Leipzig, Halle oder Dresden. Vor mir stand eine Frau, für die Braunschweig vermutlich auch kein Sehnsuchtsort war, aber deren Sehnsucht nach Freiheit sie hierhergebracht hatte. Sie war gerade mal zwanzig Jahre alt und hatte ihre Freunde, ihre Familie, einfach alles hinter sich gelassen – ohne zu wissen, ob sie die jemals wiedersehen würde. Was für eine mutige und entschlossene Entscheidung. Ich hatte großen Respekt vor ihr, es blieb aber bei dieser flüchtigen Begegnung.

Einige Monate später traf ich wieder einen Menschen, von dem ich bis heute kaum was weiß, nicht mal seinen Namen, der aber in meiner Erinnerung einen festen Platz hat. Damals war die Welt gerade dabei, eine andere zu werden, und das schaffte vermutlich Räume für neue Perspektiven. Ich war in West-Berlin für Jura und Politik eingeschrieben, als die Mauer fiel. Am 10. November 1989 saß ich nur kurz im Hörsaal und machte mich dann gleich von Dahlem aus auf den Weg zum Brandenburger Tor. Was für ein Anblick: Es wurde immer voller, je näher ich dem Tor kam, und oben auf der Mauer tummelten sich Menschenmassen. West-Berliner standen auf dem Symbol der Teilung ihrer Stadt und schauten hinüber. Nur Stunden zuvor wäre niemand auf die Idee gekommen, an die Berliner Mauer eine Leiter zu lehnen und einfach raufzuklettern, so als schaue man seinem Nachbarn in den Garten. Am ersten Nachmittag nach der Maueröffnung war das auf einmal möglich, und es wurden viele Leitern herbeigeschafft. Fremde Menschen halfen sich gegenseitig hinauf, hielten die Sprossen und reichten die Hände, um das letzte Stück zu überbrücken. Ich erinnere mich an einen Rollstuhlfahrer, den ich staunend ansah, und jemand rief: »Helft ihm rauf!« Und er kam auch irgendwie rauf, weil viele Hände halfen. Oben, da war es eng, und ich musste aufpassen, dass ich nicht runterfiel, quasi in den Osten rüberrutschte. Zu der unbeschreiblichen Euphorie, dass die Teilung Berlins überwunden sein könnte – noch waren wir uns alle nicht sicher –, mischte sich auch Skepsis, ob es wirklich friedlich bleiben würde. Zwischen dem Brandenburger Tor und der Mauer standen bewaffnete NVA-Soldaten, sie bildeten eine Menschenkette und schauten zu uns hinauf. Ihre Blicke waren anders, als ich sie aus den Grenztürmen im Harz in Erinnerung hatte. Sie waren unsicher, fast etwas verlegen. Aber dennoch trugen sie Waffen. Ich setzte mich an den Rand der Mauer, schaute in Richtung Unter den Linden und ließ meine Beine gen Osten baumeln. Dann setzte sich ein Mann neben mich, er war ungefähr zehn Jahre älter als ich. Er fing plötzlich an, die Soldaten anzuschreien: »Ihr Schweine! Schaut mich an! Vor zwei Woche habt ihr an der Neiße hinter mir her geschossen. Heute stehe ich auf der richtigen Seite, nicht ihr! Schaut mich an.« Sein Schreien schwoll immer weiter an, er brüllte sich die Seele aus dem Leib, als lasse er all seine eingesperrten Ängste endlich raus. Ein anderer Mauerkletterer bat ihn, mit dem Schreien aufzuhören wegen der Soldaten vor uns. Der Mann aber schrie weiter, immer das Gleiche. Stimmt, wir wussten nicht, was diese Soldaten nur wenige Meter von uns entfernt vorhatten, welche Befehle sie bekommen würden. Aber ich wusste auch nicht, dass dieser Mann neben mir vor zwei Wochen von Soldaten beschossen wurde, als er durch die Neiße schwamm. Für die Freiheit hat er sein Leben riskiert, er wusste sehr genau, wie sich Freiheit anfühlt.

Zehn Jahre nach der Wiedervereinigung führte ich ein Interview mit Wolf Biermann und fragte ihn, wie lange die Menschen in West und Ost noch brauchen werden, bis sie die Teilung überwunden hätten. »Das jüdische Volk ist vierzig Jahre durch die Wüste geirrt, bis es im Heiligen Land ankam, eine ganze Generation hat der Weg gedauert.« Wolf Biermann erkannte, wie lang der Weg der Wiedervereinigung noch sein würde, selbst nach dreißig Jahren sucht die Karawane noch nach dem richtigen Kurs. Die Gemüter sind zunehmend angespannt, unser Proviant an Geduld ist im Osten wie im Westen erschöpft, ein leichtes Spiel für überwunden geglaubte Vorurteile, zu denen auch die Arbeit der Treuhand gehört.

»Zu treuen Händen« sollte die Behörde das Vermögen der Bürger der DDR erfassen und dann das Volkseigentum, die versilberten Werte in Form von Anteilsscheinen an das Volk zurückgeben. Das war die ursprüngliche Idee, die die Oppositionsgruppe »Demokratie Jetzt« am Runden Tisch einbrachte. Aber so wenig wie die DDR die zehntreichste Industrienation der Welt war, so wenig gab es eben auch Vermögen zu verteilen. Im Gegenteil, mit einem gewaltigen Defizit schloss die Treuhand ihre Arbeit ab.

Im Sommer 1995 begann ich bei der Bundesanstalt für vereinigungsbedingte Sonderaufgaben (BvS), der Treuhand-Nachfolgeorganisation am Berliner Alexanderplatz. Nach dem ersten Juristischen Staatsexamen konnte ich so die Wartezeit auf das Referendariat überbrücken und auch noch etwas Geld verdienen. Ich kam in das Direktorat »Partei und Massenvermögen«. Meine Arbeitskollegen stammten aus dem Osten und dem Westen. Es blieb nicht aus, dass wir uns auch über unsere unterschiedlichen Lebenserfahrungen austauschten. Mein Büro teilte ich mit einem Ost-Berliner Kollegen, der kurz vor der Rente stand. Den ersten Tag saßen wir uns stumm gegenüber. Vermutlich hätten wir uns auf einem Wunschzettel für eine Bürogemeinschaft nicht gegenseitig angekreuzt. Nach einigen Tagen des vorsichtigen Beschnupperns kamen wir langsam ins Erzählen und schließlich auch ins Fragen. Er wollte von mir wissen, warum die West-Mütter, die einen Kinderwagen vor sich herschieben, so aussähen, als wären sie eher die Großmütter. Nun, ich war 25 Jahre alt und hatte keine Kinder, also vermutete ich, dass er Frauen wie mich meinen könnte, und erzählte von langer Studiendauer und schwieriger Kinderbetreuung. Mein Kollege hatte gern in der DDR gelebt, ihn störte zwar dieses oder jenes, aber nicht das große Ganze. Er glaubte an die Ideale des Sozialismus und erklärte mir auf meine Fragen auch sehr geduldig, warum er an diese Idee weiterhin glaubte. Wir waren ein Team, so unterschiedlich wir auch waren, und als ich mich an seinem letzten Arbeitstag von ihm verabschiedete, war ich sogar etwas traurig, ihn als Kollegen und Gesprächspartner zu verlieren.

Meine Arbeit bestand zunächst darin, kleine Ruder- und Segelboote der Gesellschaft für Sport und Technik (GST) zu suchen, zu katalogisieren und dann an die neu gegründeten Segel- und Schützenvereine zu verkaufen. Die Vereinsmitglieder waren davon natürlich genervt, schließlich nutzten sie die Boote doch schon jahrelang. Trotzdem mussten sie die Boote und auch die dazugehörenden Seegrundstücke kaufen, da das ehemalige Volkseigentum allen DDR-Bürgern zugutekommen sollte, das heißt auch denen, die weder ruderten, segelten oder mit den Waffen der GST Schießübungen machen wollten. Die GST war eine Organisation, die eine vormilitärische Ausbildung für alle Schüler in der DDR organisierte. Die Teilnahme an der Wehrerziehung war Pflicht. Auch die Gesellschaft für Sport und Technik wurde 1990 aufgelöst, und deswegen musste die Rechtsnachfolge organisiert werden. Dazu reiste ich zum Beispiel in den Thüringer Wald, um ein Grundstück an einen neu gegründeten Schützenverein zu verkaufen, was erst möglich war, nachdem ein Streit zwischen dem Gaststättenpächter und dem Schützenverein geklärt werden konnte. Mein Schreibtisch war voller Akten und Fälle wie dem in Thüringen. Ich mochte meine Arbeit sehr, denn wie durch ein Fernglas schaute ich in die Vergangenheit, in die alte DDR zurück.

Nach einem halben Jahr wurde ich persönliche Referentin des Direktors und bekam so noch viel mehr Einblick in die verschiedenen Aufgabenfelder. Dazu gehörte beispielsweise die Suche nach einem Teil des Parteivermögens der SED, die in vierzig Jahren eine beachtliche Bilanz aus Barvermögen, Grundstücken und Firmen summiert hatte, die sie zu einer der reichsten Parteien Europas machte. Neben den verschiedenen Unternehmensbeteiligungen, die auf unbekannten In- und Auslandskonten deponiert waren, ging es auch um Darlehen, die die Partei 1990 kurz vor der Wiedervereinigung an ausgewählte Parteimitglieder ausgezahlt hatte. Die früheren Genossen gründeten mit den Geldern kleinere Betriebe oder machten sich selbstständig, aber sie waren selten willig, die Darlehen auch wieder zurückzuzahlen. Also mussten die Überweisungen aus dem Jahr 1990 zunächst als Darlehen bewertet und dann zurückgefordert werden. Noch sehr viel komplizierter war es, die Zahlungsströme und Zuordnungen des Außenhandelsbetriebs Novum zu rekonstruieren. Sie war eine der bekanntesten Devisenbringer der DDR. Da die DDR seit den Siebzigerjahren zunehmend in Zahlungsschwierigkeiten geraten war, entwickelte der Offizier der Staatssicherheit Alexander Schalck-Golodkowski ein beeindruckend komplexes System aus Tarnfirmen und Auslandskonten, die der immer klammer werdenden Volkswirtschaft Devisen organisierte. Im Prinzip ging es in dem Bereich der BvS, in dem ich gearbeitet habe, immer um das Gleiche: das DDR-Vermögen zu suchen, sicherzustellen und dann zurückzuholen, was meistens nur mit langwierigen Prozessen möglich war. Heute lebe ich seit fast zwanzig Jahren in Hamburg. Wenn ich hier meinen Freunden von der Zeit bei der Treuhand erzähle, merke ich, wie weit weg das Thema von ihrer Lebenswelt ist. Es kommt mir so vor, als ob einige Themen der ehemaligen DDR immer hinter dieser großen Mauer geblieben sind, selbst als das Betonwerk längst verschwunden und in Souvenirstücke zerschlagen war.

Während ich diese Zeilen schreibe, denke ich immer wieder an das Schicksal eines Künstlers, der seine Geschichte nicht mehr selbst erzählen kann. Ich lernte ihn in Ost-Berlin nach der Wiedervereinigung kennen. Damals hatte ich Kontakt zu einer Gruppe von Malern, von denen einige wegen Republikflucht im Gefängnis gesessen hatten, andere sich der NVA verweigerten, und deren Lebenswege deswegen durch den DDR-Staat beschränkt worden waren. Einen Abend lang sprach ich mit dem Künstler und freute mich schon darauf, unseren Dialog bei nächster Gelegenheit fortzusetzen. Dazu kam es aber nie. Aus seinen Stasiunterlagen hatte er kurz zuvor erfahren, dass er eine Schwester hatte. Dahinter verbarg sich eine komplexe Familiengeschichte, die Geschwister wuchsen nicht bei ihren Eltern auf, beide wussten nichts voneinander. Ihre erste Begegnung verlief gut, sie waren sich anscheinend nicht völlig fremd, wollten sich besser kennenlernen und verabredeten ein Wiedersehen. Auf dem Rückweg aber nach Berlin kam sein Trabi auf glatter Fahrbahn ins Schleudern. Der Wagen prallte gegen einen Baum. Er war sofort tot, seine Freunde fassungslos. Ich traute mich nicht, weiter nachzufragen. Aber noch heute stelle ich mir die gleichen Fragen. Warum wurde die Familie getrennt, warum wussten die Geschwister nichts voneinander und was geschah mit ihren Eltern? Dreißig Jahre nach der Wiedervereinigung sollte ich mich selbst auf den Weg machen und Antworten auf diese Fragen suchen.

Monika Fabricius wurde 1970 in Braunschweig geboren. Nach dem Abitur 1989 studierte sie Jura und Politik in Berlin und unterrichtete Zivil- und Arbeitsrecht in Rechtskursen in Berlin und Leipzig. Nach dem ersten Staatsexamen arbeitete sie bei der Bundesanstalt für vereinigungsbedingte Sonderaufgaben, zunächst als Referentin, später als persönliche Referentin des Direktors für Parteien und Massenorganisationen. Es folgten Referendariat und zweites Staatsexamen. 2000 arbeitete sie als Kulturredakteurin bei der »BZ«, anschließend beim Fernsehen. Heute lebt sie in Hamburg und ist als TV-Redakteurin bei einer Talksendung tätig.

Meine kleine West-Ost-Geschichte

Rainer Seidel

Ich bin 1985 der Liebe wegen aus Nordrhein-Westfalen nach West-Berlin gekommen. Meine Freundin war zum Pharmaziestudium nach Berlin verteilt worden, meine Schwester wohnte auch schon in Berlin. Also nichts wie hin. Ich begann ein Studium des Russischen und der Geschichte an der Freien Universität Berlin, trat in einen Berliner Badmintonverein ein und arbeitete in den Semesterferien für Max Kühl, ein Wäschegeschäft am Kurfürstendamm und in Steglitz: Ich vertrat den aus Tunesien stammenden Fahrer in dem erstaunlich bekannten »Erwärme dich für Kühl«-Fahrzeug, während er die Sommerwochen in seiner Heimat verbrachte. Das machte ich offensichtlich so gut, dass er in den nächsten Jahren seinen Urlaub so nehmen musste, wie ich vorlesungsfreie Zeit hatte. Zusätzlich arbeitete ich bald zweimal die Woche nachmittags als Fahrer für ein Bettengeschäft in Tempelhof. Diese Jobs führten dazu, dass ich mich entschied, den Taxischein zu machen. Den bestand ich am 22. Oktober 1989. In der Prüfung sollte ich eine Fahrstrecke von Kreuzberg in den Wedding angeben, damals noch an der Mauer entlang. Habe ich richtig gemacht. Aber, der Prüfer, 25 Jahre älter als ich, meinte, da könne man demnächst wieder über die Friedrichstraße und Chausseestraße fahren. Mein erster Gedanke: du Revanchist! Für mich als Zugehöriger der Babyboomergeneration waren zwei deutsche Staaten als Folge des verlorenen Kriegs eine Tatsache, mit der ich aufgewachsen war und die ich nicht infrage stellte. Das ging Angehörigen anderer Generationen offensichtlich anders.

Aber am 22. Oktober 1989 deuteten sich politische Veränderungen natürlich an. Und ich sollte sie in bemerkenswerter Weise mitbekommen: Bei der Firma Max Kühl starb der tunesische Fahrer, das Semester hatte gerade angefangen, da erreichte mich der Notruf: Herr Seidel, außer Ihnen ist niemand in der Lage, einen neuen Fahrer einzuarbeiten. Aber das Studium ...

Studium? Ja, gut, lief, machte Spaß, und ich habe viel gelernt, aber die interessanteren Dinge passierten außerhalb des Studiums.

Ich trat also Tage später an, um einen neuen Fahrer einzuarbeiten. Das war ein junger Mann, vielleicht sechs, sieben Jahre älter als ich, der vor Wochen mit seiner Frau und seiner Tochter über Ungarn aus Ost-Berlin in den Westen geflohen und nun nach West-Berlin gekommen war, um sich hier eine neue Existenz aufzubauen. Die Firma Kühl hatte ihn begeistert eingestellt, weil sie ihm unbedingt eine Chance geben wollte. Wir hatten richtig viel miteinander zu besprechen, ich weiß gar nicht mehr, was mehr Zeit einnahm: seine Einführung in den neuen Job oder die Einführung in eine neue Gesellschafts- und Wirtschaftsordnung. Zunächst war er begeistert von unserem Lieferwagen, einem Ford Transit. Der war neu und gut motorisiert und kontrastierte offensichtlich zu dem Barkas, den er in Ost-Berlin gefahren war und von dem er mir erzählte. Er wollte in West-Berlin unbedingt ein Haus bauen: Ich bremste ihn und sagte, dass das mit dem Verdienst eines Auslieferungsfahrers wohl nicht zu schaffen sein werde.

Dann kam der 9. November! An diesem und den darauffolgenden Tagen war ich mit ihm in der Stadt unterwegs. Ich kann mich erinnern, dass am 10. November bei allen Kunden, die wir beliefert haben, der Fernseher lief und wir immer mitschauten, was gerade los war, wie z. B. das Auftreten von Politikern vor dem Rathaus Schöneberg. An diesem Tag kamen wir erst kurz vor 21 Uhr an den Ku'damm zurück, weil der Verkehr so dicht war, dass die Fahrt aus Steglitz an den Ku'damm Stunden dauerte.

Am Wochenende wollte ich mit Freunden zum Spiel in der 2. Liga Hertha BSC – Wattenscheid 09. Wir haben aus verschiedenen Richtungen kommend das Olympiastadion nicht erreicht. Ich konnte am Bahnhof Zoo, der übervoll mit Menschen aus West und Ost war, nicht von der U9 in Richtung Olympiastadion umsteigen. Ich lief zurück nach Hause.

Was für ein Aufbruch, was für eine Neugierde, wie aufgedreht wir damals waren.

Wochen später lud mich der neue Fahrer der Firma Kühl, der Flüchtling über Ungarn, zum Dankeschön-Essen in ein chinesisches Restaurant ein. Er hatte sich einen gebrauchten Mazda gekauft und war ausgesprochen guter Dinge, sorgte sich aber, ob er noch an sein in Ost-Berlin zurückgelassenes Hab und Gut kommen könnte. Leider haben wir uns danach aus den Augen verloren.

Was bedeutete die sich vollziehende Öffnung der Mauer jetzt für mich?

War mein Russischstudium noch das Richtige? Es gab neue Möglichkeiten zu lernen, aber jetzt gab es auch reichlich mehr Menschen, die Russisch sprachen. Meine Motivation, etwas zu lernen und zu können, was sonst kaum jemand kann, hatte die Grundlage verloren. Ich habe trotzdem weitergemacht. Aber aufgrund meines Alters fiel die Halbwaisenrente weg, meine Mutter verstarb, und ich musste mich in meinem Studium komplett selbst finanzieren. Das zog das Studium in die Länge. Ich hatte später zwei unglaublich lehrreiche, privat finanzierte

Studienaufenthalte in Moskau (1993 und 1996), bei denen ich mitbekam, wie viel existenzieller die Sorgen der Menschen in Moskau waren, im Vergleich zu allem, was mir in meinem bisherigen Leben widerfahren war.

Das Taxifahren in Berlin, war das noch 1989 oder schon 1990, als man mit Fahrgästen in den Ostteil der Stadt fuhr? Ohne Zählkarte zum einen Übergang rein, am anderen Übergang wieder raus: »Was, Sie haben keine Zählkarte?« Das Sich-Erarbeiten einer neuen Stadthälfte auf der einen, selbstgefällige Kollegen – »Nee innen Osten fa' ick nich!« – auf der anderen Seite und Tage, an denen es nur Flughafen–Treuhand, Treuhand–Flughafen ging, ohne dass man sich der tieferen Bedeutung dieser Fahrten in dem Moment bewusst gewesen wäre. Ich erinnere mich auf einer Tour an das erste portable Telefon, das ich je zu Gesicht bekam.

Ich habe viele Menschen getroffen, die neugierig aufeinander waren. Die Freundschaftsspiele mit Federballvereinen in Brandenburg und darüber hinaus in Coswig bei Wittenberg. Mit den Coswigern treffen wir uns seit 1990 im Frühjahr jährlich im Wechsel zu einem Freundschaftsspiel mit Kulturprogramm. Natürlich trennt und trennte uns vieles, aber das ist eher belebend als störend, alle freuen sich auf unser jährliches Treffen.

Nicht alle Annäherungen verliefen aber so positiv. Verwandte meiner damaligen Freundin, derentwegen ich ja nach Berlin gekommen war, lebten in Falkensee. Cousin Robert und Gisela, seine Frau, waren ungefähr in unserem Alter. Auf einer Familienfeier in Falkensee sagte der Vater von Gisela, der Parteisekretär in Hennigsdorf war: »Jetzt wollen wir aber alle tanzen!« Wir Wessis wollten aber nicht und hier gab es ein für uns irritierendes Autoritätsmissverständnis.

Meine Haltung zu Autorität: Man erwirbt sie sich durch Leistung, Autorität hat man nicht qua Amt! Hier entstehen bei mir auch heute noch gravierende Missverständnisse zu Vorgesetzten. Da sind wir wohl unterschiedlich sozialisiert.

Jahre später schloss ich mein Studium mit dem ersten Staatsexamen ab und wartete auf mein Referendariat. In dieser Wartezeit absolvierte ich Praktika bei der Museumspädagogik der Staatlichen Museen Preußischer Kulturbesitz und beim Deutsch-Russischen Museum Karlshorst. In Karlshorst arbeitete ich erstmals in einem ost-west-gemischten Kollegium. Mit einem emeritierten Professor hatte ich Gespräche über das Leben und Arbeiten in der DDR, ich erinnere mich an seine Erzählungen zu seiner öffentlichen Abiturprüfung 1947. Ich glaube, sagen zu dürfen, dass wir diesen Austausch geschätzt haben. Ich bekam für den Umzug des Archivs einen Honorarauftrag, und der Professor meinte, als wir alles verpackten, es würde in »raines Seidelpapier« verpackt.

Während des Praktikums, aber auch in der Zeit des Honorarauftrags gab ich Führungen durch das Museum und konnte so feststellen, wie unterschiedlich die Aufarbeitung des Zweiten Weltkriegs und seiner Folgen in verschiedenen Teilen der Gesellschaft stattfand.

Dann durfte ich endlich ins Referendariat: Geschichte/ Russisch am Humboldt-Gymnasium in Berlin-Tegel. Zwei Jahre an einem Gymnasium im ehemaligen Westen und einer Russisch-Seminarleiterin aus dem Osten. War nicht immer einfach. Nach zwei Jahren drohte als Russischlehrer in Berlin die Arbeitslosigkeit. Eine Mitreferendarin hatte sich in Fürstenwalde an einem Oberstufenzentrum vorgestellt und mir gleich einen Termin zur Vorstellung vermittelt: Gesucht wurden händeringend Lehrer für Wirtschafts- und Sozialkunde in der Berufsschule in der Dualen Berufsausbildung. Das wurde meine erste Stelle als Lehrer, in Brandenburg.

Keine Gymnasiasten, sondern Maler und Lackierer, Tischler und Schauwerbegestalter – eine deutlich andere Klientel –, aber es hat von Anfang an großen Spaß gemacht. Mit fast allen Kollegen habe ich prima zusammengearbeitet. Anfängliche Reserven mir gegenüber – »Du reißt doch hier sowieso nur deinen Einjahresvertrag runter und guckst, dass du eine Stelle in Berlin bekommst« – wurden bald aufgegeben, und meine Kollegen erkannten, dass ich ihnen helfen kann und möchte. Und natürlich hat man mir den Text in Kyrilliza »Wenn du das nicht lesen kannst, bist du ein dummer Wessi« vorgelegt. Meine Antwort war eine Frage: »Kto iz nas lutsche govorit po russki, tui ili ja?«

War ich wohl kein dummer Wessi. Ich wurde glücklicherweise auch nicht als Besserwessi angesehen, sondern wurde zum »Vorzeigewessi«. Ich konnte meine Fähigkeiten einbringen, konnte Vorschläge machen, neue Ideen umsetzen, und meine Expertise wurde anerkannt.

Wir Lehrer konnten uns über unsere verschiedenen Wehrdiensterfahrungen austauschen. Ich verrichtete meinen Wehrdienst heimatnah in Essen-Kupferdreh (drei Monate Grundausbildung), dann bei einer Flugabwehrraketeneinheit in Holzwickede nahe Dortmund. Dort machte ich den LKW-Führerschein. In meiner Einheit gab es Raketen des Systems NIKE Ajax, bestückt mit Atomsprengköpfen, die von einem 23-köpfigen US-Team unterhalten und versorgt wurden. Reichweite 120 Kilometer, bis kurz hinter Kassel. Daran wird heute niemand mehr gerne zurückdenken. Wir hatten – wie praktisch – immer nur zweitägige Übungen: Am ersten Tag eines Konflikts sollten wir unsere Waffen sofort zum Einsatz

bringen, am zweiten Tag liefen wir immer nur in ABC-Schutz-
ausrüstung herum, weil natürlich davon auszugehen war, dass
die Gegenseite ebenso verfahren würde. In der Regel tat es gut,
diesen Wahnsinn jetzt gemeinsam zu besprechen, zu verarbeiten und hinter sich lassen zu können.

Nach Fürstenwalde bin ich fast neun Jahre mit dem RE 1 ge-
pendelt, ca. neunzig Minuten von der Haustür zur Schule. Am
Bahnhof in Fürstenwalde hatte ich ein Fahrrad stehen. In Berlin
stiegen reichlich Menschen in den RE 1. In Erkner stiegen die
ersten Lehrer aus, in Fürstenwalde ein größerer Teil, dort war
das Oberstufenzentrum und das katholische Gymnasium, Ju-
risten und Mediziner fuhren weiter bis Frankfurt (Oder). Den
größeren Teil der Zugbesetzung kannte man mit der Zeit.

Beim Schulamt in Frankfurt (Oder) kannte man die Not.
Es war offensichtlich nicht leicht, genügend Lehrkräfte für
Ostbrandenburg zu rekrutieren. Schon der zweite Jahresver-
trag enthielt Fehler, sodass ich mich hätte einklagen können.
Im Jahr 2004 wurde ich so schlagartig noch vor den Landtags-
wahlen verbeamtet, dass ich nicht rechtzeitig ein polizeiliches
Führungszeugnis beibringen konnte, es musste nachgereicht
werden. Angesichts der herrschenden Not habe ich eine in vielen Bereichen angepasste Strategie des Schulamts erlebt, die ich
achtenswert fand.

Für mich stellte sich die Frage, ob ich nach Fürstenwalde
oder mindestens an den östlichen Stadtrand Berlins ziehe oder
doch irgendwann eine Stelle in Berlin annehme. Seit 1985
war ich aber sehr in Berlin-Steglitz verwurzelt, inzwischen
verheiratet und mit schulpflichtigem Kind. Nach mehr als
acht Jahren in Fürstenwalde gab es aufgrund zurückgehender
Schülerzahlen eine größere Umsetzungsaktion. Ich ging freiwillig und wechselte an ein Berlin-nahes Oberstufenzentrum,

an dem ich auch heute noch arbeite. Solange ich Lehrer bin, bemühe ich mich um eine gute Beziehung zu meinen Schülern. Ein alter Pädagogikprofessor noch zu West-Berliner Zeiten sagte zu uns Studierenden: »Die Beziehung, die ihr zu euren Schülern baut, ist eine Brücke. Je tragfähiger sie ist, desto mehr Wissen kann über diese Brücke transportiert werden.« Das ist zu einem Leitsatz für mich geworden.

An meiner jetzigen Arbeitsstelle werde ich von vielen Ostkollegen auch nach Jahren immer noch mit Skepsis gesehen. Ich erreiche bessere Ergebnisse mit meinen Schülern als andere Kollegen. Das darf offensichtlich nicht sein. Ständig wird meine Bedeutung von vorgesetzten Stellen kleingeredet, ich werde (systematisch?) mit Arbeit überhäuft. Hat das die Absicht, meinen Erfolg einzuebnen? Als ich vor Jahren an meine neue Schule kam, war sie geschlossen wie eine Auster, das nahe Berlin war für Exkursionen eine Terra incognita. Ich hatte mich anzupassen. Eine Offenheit für neue Ideen war nicht vorhanden (und es ist weiterhin nicht einfach).

Ab 1990 waren wir neugierig aufeinander, in allen meinen gemischten Kollegien haben wir produktiv zusammengearbeitet, ich habe mich eingeordnet, wenn mir die Leitung zufiel, wurde es akzeptiert. Da, wo ich jetzt bin, ist und war man nicht daran interessiert, dass ich Dinge verbessern könnte, weil ich aus dem Westen komme.

2016 wurde meiner Schule eine Klasse Geflüchtete zugewiesen. Ich erklärte mich bereit, sie zu unterrichten. 2017 wurde ich für zwei Jahre Klassenlehrer der zweiten Klasse Geflüchteter. So alleingelassen wie mit dieser Aufgabe, habe ich mich noch nie gefühlt. Alle im Schulwesen beteiligten Stellen haben in ihre Zuständigkeitsschubladen geschaut, aber auf keinen Fall darüber hinaus. Einige meiner Schüler waren ausgesprochen gebildet, aber unser Schulsystem tat alles dafür, sie schlechter zu machen, als sie waren. Dass einige meiner Schüler die Möglichkeit hatten, betriebliche Praktika zu absolvieren, und Ausbildungsplätze bekamen, war das Verdienst ehrenamtlicher Helfer. Wenn etwas erreicht wurde, dann durch Parallelstrukturen. Das System Schule wollte meine Schüler nicht integrieren, sie waren eine lästige zusätzliche Aufgabe. Wer im Schulsystem an der Basis mit Geflüchteten zu tun hatte, hatte eine Westbiografie oder eine außergewöhnliche Ostbiografie. Diese Menschen und viele Ehrenamtliche haben sich mit der Aufgabe identifiziert, alle anderen ...

Wo ist die Offenheit, die Neugierde hin? Sind alle so schlecht behandelt worden, wie sie immer beklagen? An meiner Arbeitsstelle fehlt mir in weiten Teilen der Wille und die Fähigkeit zur Selbstkritik, die Bereitschaft, Verantwortung für gemachte Fehler zu übernehmen: bei Durchfallquoten von weit über 50 Prozent tragen natürlich ausschließlich die Schüler die Schuld. Mir fehlt in meinem Umfeld Wissen in Psychologie. In der Wahrnehmung der Schüler bestehen große Unterschiede, offensichtlich sind für mich die Schüler – auch schwierige – wertvoller als für viele meiner Kollegen. Die eigenen Leistungen werden grundsätzlich positiv gesehen. Warum sind wir dann in Bildungsstudien nicht weiter vorn? Bei den älteren Ostkollegen sehe ich viele, die den Übergang in eine neue Zeit mit neuen Anforderungen durch die Schüler nicht ausreichend angenommen haben.

Nach dreißig Jahren hat das Romantisieren der DDR zugenommen. Meine Schüler haben zum allergrößten Teil die DDR gar nicht erlebt, sind später geboren, aber viele von ihnen haben ein positives Bild der DDR, ein positiveres als zur heutigen politischen Ordnung. Ein tieferes Verständnis für das bestehende Wirtschaftssystem fehlt, aber als »kapitalistisch« ist es leicht bezeichnet.

Vielen meiner älteren oder gleichaltrigen Kollegen fehlt eine grundsätzliche Freiheit des Denkens, Mut, mit dem Denken aus einem vorgegebenen Rahmen auszubrechen, kreativ zu sein.

Als Freya Klier mit ihrem 11. Gebot »Du sollst dich erinnern« als Zeitzeugin zur DDR-Geschichte vor Schülern meiner Schule auftrat, hatte ich im Anschluss gewinnbringende Diskussionen mit meinen Schülern, da kam Bewegung auf.

Freya Klier war wieder so ein offener, neugieriger, fragender Mensch, mit dem man sich produktiv auch über seine Unterschiedlichkeiten austauschen kann. Solche Menschen habe ich mit den Jahren immer seltener getroffen.

Ist die aktuelle Corona-Krise eine neue Chance, wieder mehr zueinanderzufinden? Ich wünsche es mir. Aber auch ich werde mir einen Ruck geben müssen.

Rainer Seidel, wurde 1964 in Dorsten, Kreis Recklinghausen, geboren. Von 1970 bis 1983 besuchte er die Schule in Lünen, Kreis Unna, von 1985 bis 1997 studierte er Geschichte und Russisch für das Lehramt an der Freien Universität Berlin. In der Zeit zwischen 1993 und 1996 kam es zu privaten Studienaufenthalten in Moskau. Nach einem Referendariat für das Lehramt an Gymnasien arbeitet er seit 1999 als Lehrer.

Die Spitzmaulnashörner

Friedhelm Schülke

Das Jahr 1990 ragt wie ein steiler Berg aus meiner Erinnerungs-landschaft. Denn es war wie elektrisch aufgeladen. Ständig knisterte es irgendwo und überall. Doch was berichtet man, was nicht? In der DDR gab es ein Spielzeug, das wohl jedes Kind kannte: ein aufklappbares Papp-Aquarium mit allerlei bunten Fischen. Man hielt eine kleine Angel hinein mit einem Magne-ten am Schnurende. Alle Papierfische hatten am Maul eine Heft-klammer. Mit Geduld und Geschick konnte man einen Fisch nach dem anderen herausangeln. War einmal ein alter Schuh oder Topf an der Angel, kam der Nächste an die Reihe. Das war nicht nur spannend und gemeinschaftsstiftend, sondern auch lehrreich. Um im Bild zu bleiben: Mein Magnet ist immer noch aufgeladen. Viele Fische, aber auch Schuhe und Töpfe von 1990 bleiben an meiner Angel der Erinnerung hängen. Damals war ich gerade 31 Jahre alt. Wie ich diese Zeit wahrgenommen und was ich damals warum so und nicht anders gemacht habe, ist ohne meine Vorgeschichte nicht zu denken.

Meine Eltern waren Landwirte in Kunrau (Altmark) nahe der innerdeutschen Grenze. 1960 wurden sie wie hundert-tausend andere auch in die LPG gezwungen. Trotzdem haben sie uns – ihren fünf Söhnen – nach Kräften eine glückliche Kindheit auf dem Lande ermöglicht. Aus den Gesprächen der Erwachsenen schnappte ich aber doch auf, dass die DDR ein Lügenstaat ist, der seine Bürger einsperrt. Die nahe Grenze und das Westfernsehen waren deutlich genug. Man hielt sich tradi-tionell an die Kirche, wir Kinder gingen zur Christenlehre und zur Kinderstunde. Als 1973 meine Konfirmation nahte, gab es für meine Eltern und mich keinen Zweifel, dass ich nicht an der sozialistischen Jugendweihe teilnehme. Das war keine fanatische Entscheidung, sondern die klare Erkenntnis und Konsequenz, dass man nicht zugleich ein christliches und atheistisches Bekenntnis ablegen kann. Aus vielen Geschichten der Bibel wusste ich seit Kindheitstagen, dass ich meine Knie nicht vor den Götzen beugen und meinen Glauben nicht verleugnen soll. Da bestellte der Schuldirektor, ein ehemaliger Wehrmachtsoffizier und nun strammer SED-Mann, meine Mutter zu sich, um ihr die Folgen zu verdeutlichen: ohne Jugendweihe keine Oberschule, kein Abitur! Der Direktor hatte wohl erwartet, dass meine Mutter umfällt und bettelt, aber sie blieb fest. Und so kam es dann auch: Obwohl ich ein Bauernkind war, das beste Zeugnis meines Jahrgangs hatte, selber zu Hause kostenlosen Nachhilfeunterricht für lernschwache Mitschüler gab und ein sehr gutes Verhältnis zu meinen Schulkameraden unterhielt, hieß es beim Fahnenappell zum Abschluss des 8. Schuljahrs: »Zwei Mitschüler dürfen zu Delegierung an die EOS vortreten.« Und ich hatte im Glied stehen zu bleiben. Ich wollte laut aufschreien! Denn schon früh stand für mich fest, dass ich Fremdsprachen studieren wollte. Das war nun vorbei! Meine 10. Klasse bestand ich trotzdem mit Auszeichnung. Ab 1975 habe ich über die staatliche Berufslenkung der DDR den ungeliebten Beruf des Industrieelektronikers in Greifswald erlernt. Nach wenigen Wochen wusste ich: Das ist nichts für mich. Trotzdem blieb ich bis zum Schluss, denn eine Lehre abbrechen – kein Gedanke im Blick auf meine schwer arbeitenden Eltern. Und einen Ausreiseantrag zu stellen, als ich volljährig wurde, was hätte das wohl für eine Aufregung bei meinen Eltern gegeben und für die Berufsentwicklung meiner jüngeren Brüder bedeutet? Bei der Musterung zum Wehrdienst lehnte ich jedoch den aktiven Dienst mit der Waffe ab, weil ich den Fahneneid auf die DDR nicht leisten konnte und wollte. Ich musste mich anschreien lassen. Bei den Scheinwahlen der DDR ging ich in die Kabine und stimmte mit Nein. Das war mein stummer Widerstand in der DDR!

Zum Glück fand ich in Greifswald den Weg zur Jugendstunde der Landeskirchlichen Gemeinschaft. Dort konnte ich offen reden und erfuhr inneren Halt in diesen Zerreißproben. Dadurch lernte ich auch Familie Manfred und Emmy Schukat in Anklam kennen, die wegen der herrschenden Wohnungsnot selber ein Haus baute. Es sollte eigentlich ein christliches Gemeindezentrum werden. So fing ich nach der Lehre 1978 als Elektriker in Anklam an und half beim Hausbau. Wenig später erkrankte ich an Krebs und wurde erst nach vier Jahren Chemotherapie als geheilt entlassen. Familie Schukat stand mir in schweren Stunden bei, und ich war zur Stelle, als auch sie vom Schicksal heimgesucht wurde. Seitdem sind wir wie eine Familie. 1979 eröffnete sich für uns eine der wenigen Nischenexistenzen in der DDR, eine private Handelsvertretung. Wir belieferten Geschäfte mit allem Möglichen, was die VEB-Betriebe als Über- oder Resteproduktion nicht loswurden. Man musste nur findig sein. In einer Erwachsenenqualifizierung holte ich eine Ausbildung zum Wirtschaftskaufmann nach. Der »Rat des Kreises Anklam, Abteilung Handel und Versorgung« hätte sonst meiner Anstellung nicht zugestimmt. Selbst mein Gehalt war festgelegt und musste niedriger sein als in staatlichen Betrieben. Aber wir hatten eine relative Freiheit.

Endlich kam 1989 die Wende, von der ich nie geglaubt hätte, dass ich sie jemals erlebe. Von Anfang an waren wir schon im September/Oktober im Neuen Forum und dann bei jeder

Demonstration in Anklam dabei. Wir vervielfältigten und verteilten Zettel und halfen bei der Erstürmung der hiesigen Stasi-Dienststelle. Am ergreifendsten und bis heute unvergessen war für mich die Öffnung der innerdeutschen Grenze in meiner altmärkischen Heimat, die ich am 18. November 1989 in Böckwitz-Zicherie miterlebte. Als zu Weihnachten 1989 auch die Westdeutschen ohne Visum und Zwangsumtausch in die DDR einreisen durften, stellte ich mich an die Ausfallstraße meines Heimatorts Kunrau in Richtung Grenze und verteilte selbstgetippte und vervielfältigte Zettel. Darin entschuldigte ich mich für den verwahrlosten Anblick unserer Dörfer und Städte, weil ich mich einfach schämte. Ich schrieb, dass es 1945 ebenso hätte umgekehrt kommen können – der Westen sozialistisch, der Osten demokratisch. Als dann die Westbusse in die DDR kamen, saßen darin viele Damen mit spitzem Mund und meinten: »Wie das hier aussieht, können die nicht mal Hacke und Farbe in die Hand nehmen?« Sicher hat nicht eine dieser Damen jemals im Leben selber Hacke oder Pinsel geschwungen. Wir nannten sie »Spitzmaulnashörner«. Später, als wir mit unseren eigenen Busgruppen in Osteuropa unterwegs waren, regten sich viele ehemalige DDR-Leute auf: »Wie das hier bei den Russen aussieht! Können die nicht mal …?« So schnell geht das!

An den Jahreswechsel 1989/90 erinnere ich mich nicht mehr, außer an einen Westbesuch, der sich massiv gegen die Wiedervereinigung äußerte. Ich war erschüttert. Er hatte ja nicht wie wir in der DDR leben müssen. Doch war die Wiedervereinigung überhaupt denkbar? Wir hielten sie noch für unrealistisch. Würde die Sowjetunion die DDR freigeben? Würde die Schockstarre der SED anhalten, oder würde sie wieder die Oberhand gewinnen? Und hatte uns der Westen nicht schon längst abgeschrieben, allen voran SPD und EKD? Wir fürchteten zu Recht, dass es genügend »reaktionäre Kräfte« gab, die die »Errungenschaften der Revolution rückgängig machen« wollten. So hatten wir das wortwörtlich im DDR-Schulunterricht lernen müssen. Nur war es diesmal die SED selber mitsamt ihren »bewaffneten Organen«: Stasi, NVA, Kampfgruppen und Polizei.

Für uns ging es im neuen Jahr mit dem gleichen Schwung weiter wie 1989 – es war einfach jeden Tag etwas los. Das Grundgefühl war Freiheit: Wir sind frei! Doch was sollte nun werden? Wie kommt man an vertrauenswürdige Westfirmen heran? Aus DDR-Zeiten waren wir in der Mangelwirtschaft geübt. Wie aber nun mit dem Warenüberfluss umgehen? Gleich im Januar 1990 suchte eine Firma Roggatz aus Hamburg-Schnelsen Kontakt zu uns. Wir vereinbarten einen Termin, aber wo dort bleiben? Wir hatten kein Westgeld und konnten uns nicht einmal einen Hamburger Stadtplan kaufen. In den Tankstellen blätterten wir die Karten durch und merkten uns immer das nächste Ziel. Natürlich hatten wir zwanzig Liter Ersatzbenzin im Wartburg dabei, um im Westen nichts kaufen zu müssen. Beim abendlichen Spaziergang durch Hamburg lud uns ein älterer Herr ein, der aus Stettin stammte. Wir sagten ihm, dass wir im Westen fast nur Autos sehen und kaum Menschen. Ich weiß noch heute seine Antwort: »Autos? Das ist hier die zweite Haut.« Doch wir brauchten praktische Hilfe. Wir hatten eine Riesenangst vor Pleite und Arbeitslosigkeit. Am nächsten Morgen war schon früh Termin bei der Großhandelsfirma: Herr Roggatz empfing uns persönlich und zeigte uns sein übervolles Lager. Wir wussten, dass wir alles gut absetzen würden. Die Währungsunion war im Gespräch, aber würde sie kommen und zu welchem Wechselkurs D-Mark zur DDR-Mark? 1:10,

1:5 oder 1:1? Letzteres war äußerst unwahrscheinlich. Wir einigten uns auf 1 D-Mark zu 3 DDR-Mark und sollten erst nach der Währungsunion bezahlen. Das Risiko war für beide Beteiligten gleich hoch. Aber wie verkaufen? Dazu muss man wissen, dass alle Preise in der DDR erst durch eine staatliche Preisbildungs-Kommission beim Rat des Kreises genehmigt werden mussten. Darauf pfiffen wir jetzt, Grundtenor 1990 war: »Na und?« Es war unser erster Sprung ins kalte Wasser. Nun hieß es auswählen, was in unseren Wartburg-Tourist rein-passte. Über die Grenze kamen wir ohne Probleme. Zu Hause kalkulierten wir 1:4 bis 1:5, denn wir wollten natürlich kein Minus machen. Die Ware wurde uns förmlich aus den Hän-den gerissen. HO und Konsum hatten 1990 noch eine gute Zahlungsmoral. Erst später blieben wir auf hohen Forderungen sitzen. Barverkäufe gab es bei uns als Großhandel ohnehin nie, alles ging über Rechnungen und Bankkonten mit lückenloser Abrechnung. Alles war handgeschrieben oder mit einer alten Olympia-Breitwagen-Schreibmaschine getippt, die wir 1990 günstig in Hamburg erstanden.

Bald brauchten wir Nachschub. Da lasen wir am 8. Februar auf der Rückfahrt von einer Warenlieferung in Neubranden-burg eine Wahlwerbung: Um 18 Uhr sollte dort eine CDU-Veranstaltung mit dem Staatssekretär Otfried Hennig im berüchtigten »Kupferkessel« stattfinden, bis vor Kurzem noch Sitz von SED-Bezirksleitung und Bezirksparteischule. Irgend-woher wussten wir, dass Otfried Hennig auch Sprecher der Landsmannschaft Ostpreußen ist. Nach der Wahlveranstaltung sprachen wir ihn an, und er ermutigte uns, die Landsmannschaft Ostpreußen in der Hamburger Parkallee zu besuchen. Das ver-banden wir am 22. Februar mit unserem nächsten Warenein-kauf, und man sagte uns, wir seien die Ersten aus der DDR.

Das Staunen und Freuen war auf beiden Seiten. Wir konnten die Zeitung »Das Ostpreußenblatt« kostenlos mitnehmen, so viel wir wollten. Aber unser Wartburg war bereits voll! Was wir konnten, verstauten wir in jeder Ritze, zwischen den Knien vor dem Beifahrersitz und auf dem Schoß. Dann ging es weiter zum Ostpreußischen Landesmuseum nach Lüneburg – wenn schon, denn schon. Bis heute hüte ich eine große Ostpreußen-Landkarte, die ich dort geschenkt bekam. Das Herzklopfen war nun beim Grenzübertritt doppelt groß – freie Westwaren und dazu noch landsmannschaftliche Zeitungen! Die hatte die DDR ja besonders im Visier. Manchmal wünsche ich mir heute etwas von der Unbekümmertheit und dem Wagemut von damals zurück. Aber ich glaube, solche Zeit kann man nur einmal im Leben verkraften. Nun hatten wir auf jeder Verkaufstour auch immer Ostpreußenblätter zum Weitergeben dabei. Wir kannten viele Verkaufsstellenleiter und Verkäufer, die aus Ostpreußen kamen. Und 1990 hörte man noch oft diese liebenswerte Mundart. Niemand behelligte uns, wir bekamen nur erfreute Rückmeldungen. Und wir sammelten Adressen, nicht ahnend, dass sie nach der Wiedervereinigung der Grundstock für die Gründung des Bundes der Vertriebenen in Anklam werden sollten. Jetzt wollten wir eigentlich nur wissen, wer woher aus Ostpreußen stammte, und die Leute zusammenbringen. Es war ein schwerer Fehler der DDR, diese landsmannschaftliche Zusammengehörigkeit zu verbieten, die doch nichts anderes als ein menschliches Grundbedürfnis ist. So erlebten wir geradezu einen Dammbruch und holten uns bei jedem Wareneinkauf in Hamburg neue Zeitungen nach. Ein einziges Mal gerieten wir hinter West-Berlin in eine DDR-Zollkontrolle. Ich weiß nicht mehr, was diese Spezialisten von uns zu hören bekamen. Die DDR war einfach nicht mehr ernst zu nehmen.

Im Ostpreußenblatt lasen wir von einem Regionaltreffen des Heimatkreises Gumbinnen am 28. April 1990 in Lübeck. Es war unsere erste landsmannschaftliche Veranstaltung. Unser Essen nahmen wir mit, und auf der verstopften B 105 hatten wir noch einen kleinen Auffahrunfall. Herr Schukat stammt aus dem Kreis Gumbinnen. Er fand in Lübeck eine Kusine zweiten Grades, die ihm Einzelheiten über seinen elterlichen Hof und viele alte Begebenheiten erzählte. Die Atmosphäre war etwas altbacken, von den DDR-Gästen wurde wenig Notiz genommen. Aber von »Revanchismus« keine Spur! Zum Gumbinner Haupttreffen am 10. Juni in Bielefeld waren Rahmen und Besuch größer. Von vielen Impulsen zehren wir noch heute – was macht man wie und was besser oder anders.

Unser Wartburg war nun einfach zu klein. Mittels ERP-Kredit holten wir uns am 14. Mai einen gelben VW-Bus aus Braunschweig. Er sollte 25 Jahre lang zum Stadtbild von Anklam gehören. An die Währungsunion ab dem 1. Juli 1990 erinnere ich mich natürlich. So schön es war, selber D-Mark zu besitzen, war mir dieser Schritt vor allem wichtig, um die Wiedervereinigung unumkehrbar zu machen. Am Tanz um das Goldene Kalb beteiligten wir uns nicht. HO und Konsum zogen sofort die Preise kräftig an. Aber die Hamburger Firma Roggatz hielt Wort – Kurs 1:3! Mit einem Schlag konnten wir alle Waren und auch den VW-Bus bezahlen. Einen großen Reinfall erlebten wir dagegen mit zwei renommierten Drogeriefirmen aus München. Die Basis war ganz ähnlich wie bei der Hamburger Firma. Nach den guten Erfahrungen dort fassten wir Mut und wagten uns an große Abnahmemengen. Sogar Gebietsschutz wurde uns versprochen und ein großer Firmen-Lieferwagen, Marke VW-LT 28, zur Verfügung gestellt. Um einen besseren Einkaufspreis zu erzielen, lagerten wir für 100 000 D-Mark Waren in Anklam ein. Und was machten beide Firmen? Hinter unserem Rücken setzten sie frühere SED-Genossen ein – zu besseren Konditionen und in denselben Geschäften, die wir belieferten. Wir erkannten schmerzlich, dass wir die Artikel nur bekannt machen sollten. Nun hieß es, schneller zu sein, unseren Bonus in den Verkaufsstellen zu nutzen und zu verkaufen, was das Zeug hält. Von beiden Firmen trennten wir uns – das war also auch der Westen! Zum Glück wurden wir noch alles los und waren ein für alle Mal gewarnt. Viele DDR-Unternehmer stiegen noch größer ein als wir und sind danach eingebrochen. Manche nahmen sich sogar das Leben.

Zu den großen Wundern von 1990 zählen für mich die erste freie Volkskammerwahl am 18. März, schließlich die Wiedervereinigung am 3. Oktober sowie die erste gesamtdeutsche Wahl am 2. Dezember. Obwohl ich mich überall sehr einsetzte, habe ich daran kaum persönliche Erinnerungen, außer jedes Mal eine unbeschreibliche Freude! Und wie ging es weiter? Gleich nach Aufhebung der »Ausländersperre« durch Gorbatschow fuhren wir 1991 nach Königsberg und zeigten später die Dias in der Aula der Käthe-Kollwitz-Schule Anklam. Viele Besucher wollten ebenfalls ihre alte Heimat wiedersehen, und so wagten sich Manfred Schukat, seine Frau und ich 1993 mit vereinten Kräften an einen Reisedienst in Richtung Osten: nach Polen, Tschechien, Königsberg und ins Baltikum. Wir fingen ganz von vorne an – was wussten wir von Hotelverträgen, Außenhandel, Vertragsgarantien und Stornofristen? Die Kommunikation klappte zunächst durch meine Schulrussisch-Kenntnisse ganz gut, später nach zwei Polnisch-Kursen immer besser, und die Gästezahlen stiegen bis über 1000 pro Jahr.

Leider verstarb Emmy Schukat 1997 an Krebs, aber nachdem ich zwei Computerkurse absolviert hatte, konnte dieser große Verlust wenigstens technisch aufgefangen werden. Von Haus aus kannte ich es gar nicht anders, als dass man dann die Arbeit des anderen mitmacht, wo man eben gebraucht wird. Und so läuft unser Zwei-Mann-Betrieb bis heute recht gut. Es ist eine sehr anstrengende, aber schöne Arbeit, in der ich ganz aufgehe. 1995 wurde ich noch als »Verfolgter DDR-Schüler« offiziell rehabilitiert und als SED-Opfer anerkannt, bekam aber nicht den geringsten Ausgleich. Staat und Kirche lassen mich regelrecht im Stich. Die DDR-Systemträger sind dagegen bestens versorgt und mögen sich ins Fäustchen lachen. Niemand hat sich je bei mir entschuldigt. Trotzdem würde ich um kein Geld der Welt mit einem SED-Genossen tauschen. An einem Ostersonntag habe ich mich ganz allein an das Grab meines Schuldirektors gestellt und ihm vergeben. Ich danke Gott für mein reiches und erfülltes Leben.

Friedhelm Schülke wurde 1958 als zweites Kind seiner Eltern in Klötze, Kreis Salzwedel geboren. In den Jahren 1965 bis 1975 besuchte er die Polytechnische Oberschule in Kunrau. Von 1975 bis 1978 absolvierte er eine Elektroniker-Lehre in Greifswald. Im Anschluss daran arbeitete er bis ins Jahr 1981 in Anklam als Elektriker. Von 1981 bis 1992 war er als kaufmännischer Angestellter im Großhandel tätig. Nach einem Jahr Arbeitslosigkeit arbeitet er seit 1993 bis heute als Mitarbeiter im Reisedienst.

1990 – Eindrücke einer Afrodeutschen

Katharina Oguntoye

Ich stehe vor meinem Bügelbrett und schaue in meiner Kreuzberger Studentenwohnung auf dem kleinen Schwarz-Weiß-Fernseher die Pressekonferenz des Zentralkomitees, als Günter Schabowski einen handgeschriebenen Zettel nimmt und etwas sagt wie: »Es wurde beschlossen, dass ab morgen alle Bürger der DDR ausreisen dürfen ohne viel Bürokratie.« Ein Journalist hatte nach dem Stand der Dinge gefragt. Stille im überfüllten Presseraum. Auch bei mir gibt es einen Schreckmoment. Wovon redet der Mensch? Das kann doch nicht wahr sein! Nachdem wir jahrelang terrorisiert worden sind von diesem Mauerblick, zückt er ein zerknittertes Blatt – und alles ist vorbei? Der Journalist fragt noch einmal nach: »Alle Bürger?« Schabowski kramt den Fetzen noch einmal hervor, liest und sagt dann: »Ja, alle Bürger.«

Nun gibt es ein Durcheinander in dem Saal. Ich bin aufgeregt und entsetzt zugleich, kann es nicht glauben. Ich wohne in Kreuzberg 36, in der Nähe der Oberbaumbrücke. Wenn ich nach Ost-Berlin wollte, ging ich als Westdeutsche zur Friedrichstraße und dort durch die Schleuse, die einem wie Viehschleusen vorkam. Einreise nur gegen Umtauschzoll von 25 Ostmark, eins zu eins. Jetzt vor dem Bildschirm denke ich, das ist alles absurd. Die Bilder von dem Grenzübergang, der offen ist, werden immer chaotischer und euphorischer. Ich bügele erst weiter und gehe nicht raus. Am nächsten Abend steckt mich die Begeisterung an. Ich schwinge mich auf mein Fahrrad und bin gleich an der Oberbaumbrücke. Dort sind schon viele Menschen. Ich bin ganz bewegt. Jetzt radle ich die vier Kilometer zur Friedrichstraße, um bei dem historischen Moment dabei zu sein. Dort sind auch sehr viele Menschen. Die Ost-Berliner sind überglücklich, doch auch ziemlich hysterisch. Ich bekomme ein wenig Angst und fühle mich gar nicht als Teil dessen, was hier gerade passiert.

Es sind die Gesichter, die nicht einfach nur strahlen vor Glück, sondern auch etwas anderes ausdrücken. Ich weiß nicht, woher diese Zweifel kommen, aber die Stimmung ist auch etwas aggressiv. Ein türkischer Mitbürger sagt: »Wir sind nicht gemeint. Wir haben für dieses Land geschuftet, aber wir sind nicht mitgemeint als Teil des neuen Deutschland.« Ich will das nicht glauben, aber als ich diese Gesichter sehe, bekomme ich es doch ein wenig mit der Angst zu tun und bin nicht so sehr daran interessiert, mitzufeiern. Ich springe auf mein Fahrrad und fahre nachdenklich wieder in meine Kreuzberger Studentenwohnung.

Immerhin bin ich in Zwickau geboren und in Leipzig eingeschult worden. Mein Vater war Nigerianer und hatte in Leipzig Ökonomie studiert. Die Familienmitglieder meiner Mutter waren Sudetendeutsche, die nach dem Krieg aus dem jetzigen Tschechien hatten fliehen müssen. Da der Opa, der im Krieg gestorben war, Sozialist war, blieben meine Mutter, meine Oma und meine Tante in der DDR.

Etwa 1966, nach dem Ende seines Studiums, musste mein Vater in sein Heimatland zurück. Er wollte seine Familie mitnehmen, und auch meine Mutter hatte den Wunsch, mit ihrem Ehemann und den zwei Kindern nach Nigeria zu fahren. Dies war eine der wenigen legalen Ausreisemöglichkeiten für ostdeutsche Bürger; wenn sie mit einem westlichen Ausländer verheiratet waren, konnten sie einen Antrag auf Ausreise stellen. So reiste mein Vater voraus, um alles für unsere Ankunft vorzubereiten. Meine Mutter hatte den Ausreiseantrag gestellt, und von der Abreise meines Vaters bis zu unserer Abreise verging ein Jahr. Wir packten alles in große Kartons. Ich war traurig, dass ich meine geliebte Oma nicht mehr sehen würde. Für meine Mutter jedoch war es, neben der vielen Arbeit, ein Jahr des Spießrutenlaufens. Wie sie mir später erzählte, waren Freunde und Bekannte nicht begeistert, und man ließ es sie spüren, dass sie abhaute.

Für meine Mutter und uns Kinder war die Erfahrung in Afrika sehr schön. Doch finanziell und logistisch auch schwierig, so entschloss sie sich nach zwei Jahren zur Rückkehr nach Deutschland – wegen des beginnenden Biafra-Kriegs, aber nicht zuletzt, weil mein Vater dem polygamen Gewohnheitsrecht folgend, eine zweite Frau und Familie wollte. Obwohl ich im Alter zwischen sieben bis neun Jahren in Nigeria lebte, war meine Kindheit in der DDR und im Kindergarten sehr prägend für mich gewesen. Bis heute werde ich von Ostdeutschen meiner Generation an den Kindergartenliedern als kulturell ostdeutsch erkannt.

Meine Tante, die jüngere Schwester meiner Mutter, war nur drei Wochen vor dem Mauerbau in den Westen gegangen. Auf dem Küchentisch lag die Notiz: »Macht euch keine Sorgen. Bin drüben.« Sie ging nach Heidelberg, wo sie auch heute noch lebt. Meine Mutter und ich folgten ihr, nachdem wir aus Nigeria zurückgekommen waren. Und der zweite Teil meiner Kindheit wurde nun zu einer West-Biografie. Bis zum Mauerfall war es kaum zu vermitteln, wie gleich und doch unterschiedlich die Ost- und Westerfahrung und -sprache waren.

Als ich in Leipzig lebte, kam meine Oma jedes Wochenende aus dem sächsischen Crimmitschau zu uns zu Besuch, um meine Mutter zu unterstützen. Die Oma war Näherin in einer Fabrik und konnte die DDR erst verlassen, als sie sechzig Jahre alt war. Dann durfte sie ausreisen wie alle Rentner. Ein Teil meiner Familie lebte noch in Magdeburg, wo wir sie zu DDR-Zeiten oft besucht hatten. Dies war einer der wirklichen Gründe, warum ich mich über die Öffnung der Mauer persönlich doch sehr freute.

Die Berliner Mauer war gefallen. Ich war euphorisch, aber ich konnte das mit niemandem aus meinem Umfeld teilen. Für die Westdeutschen und West-Berliner ohne Ostverwandtschaft waren die Menschen auf der anderen Seite der Mauer emotional so weit entfernt, als hätten sie hinter der Chinesischen Mauer gelebt. Ich gab es bald auf, mit anderen darüber zu sprechen. Nur eine Bekannte aus der Frauenbewegung – eine deutsche Jüdin – rief mich eines Sonntags an und beharrte darauf, wir müssten uns unbedingt zusammentun und die Wiedervereinigung verhindern. Sonst würde es wieder ein rassistisches »Großdeutschland« geben. Davon abgesehen, dass das ganz schön größenwahnsinnig war, den Lauf der Geschichte aufhalten zu wollen, war es für mich irritierend, dass sie dachte, weil ich afrodeutsch war, würde ich zwangsläufig gegen die Wiedervereinigung sein. Als ich ihr nach einer Stunde Telefonat endlich vermitteln konnte, dass ich auch nach Ostdeutschland zahlreiche Bezüge hatte, verstand sie schließlich und entschuldigte sich.

In den ersten Wochen waren die Straßen, die U-Bahn und die Läden mit Menschen übervoll. Ich blieb lieber zu Hause und ging nur für das Nötigste nach draußen. Weiterhin verfolgte ich interessiert die politische Entwicklung, Runder Tisch und Gedanken über verschiedene mögliche Staatsformen für einen gemeinsamen deutschen Staat. Für mich am enttäuschendsten war das Nichthandeln der Sozialdemokraten und Westlinken. Hier rächte sich, dass weder meine Generation noch die davor sich mit der deutschen Identität und Nationalität auseinandergesetzt hatte. In meiner Generation sagten sie nicht, ich bin deutsch, sondern: Ich bin Hamburgerin oder Lübecker oder komme aus Bochum. Es war so viel einfacher, sich mit dem individuellen Heimatgefühl für eine Region zu identifizieren, als sich mit der komplexen und schwierigen deutschen Geschichte und Schuld auseinanderzusetzen. Dies fiel uns jetzt auf die Füße und sollte langfristige Folgen haben.

Während die Westlinke unter Sprach- und Meinungslosigkeit litt, hätten sie Kontakt aufnehmen müssen. Sie hätten zuhören sollen und aktiv Wissen zur Funktionsweise von Demokratie vermitteln sollen. Hatten wir nicht in Heidelberg in der Schule gelernt, wie Demokratie abläuft? Jetzt gab es keine Angebote, die Menschen der ehemaligen DDR mit den Regeln und den Funktionsweisen der Demokratie bekannt zu machen.

Ich mische mich politisch nicht ein. Mein Thema sind Frauenrechte, und da engagiere ich mich in der Zweiten Frauenbewegung, die sich gerade auch auf dem Höhepunkt befindet. Doch es war eine wichtige Zeit. Wir bekämpften die Gewalt gegen Kinder und Frauen und das Tabu des sexuellen Missbrauchs. Auch in der Frauenbewegung ist das Verständnis für die Situation nach dem Mauerfall sehr unterschiedlich. Schockiert hat mich die Reaktion einer Feministin aus dem akademischen Umfeld, die sich larmoyant darüber beklagte, dass ihr Sohn jetzt gerade auszieht und keine gebrauchte Waschmaschine in ganz Berlin finden könne. Ich dachte nur, wo ist die Empathie? Andere warten seit dreißig Jahren darauf, sich eine Waschmaschine kaufen zu können.

Andere in der Frauenbewegung bemühten sich um Kontakt nach Ost-Berlin und in die ehemalige DDR. In der Folge entstanden viele Frauenorte, die auch von Frauen aus dem Osten geleitet wurden. Einer meiner Lieblingsorte war das »Sowieso« in Dresden, wo es auch Übernachtungsmöglichkeiten gab. Über die nächsten Jahre verbrachten wir, ich und meine Freundinnen, viele ausgelassene und inspirierende Stunden dort.

Für mich persönlich passierte das meiste weiterhin im ehemaligen West-Berlin. Mit meinem kleinen R4 fuhr ich die nächsten Jahre um den Osten herum, als wäre da noch die Mauer. Es war einfach ein unangenehmes Gefühl, sich in der eigenen Stadt nicht auszukennen. Immer wenn ich versuchte, den geraden Weg durch das ehemalige Ost-Berlin zu nehmen, verfuhr ich mich und musste den neuen Stadtplan zuhilfe nehmen.

Nach nur kurzer Zeit war die Mauer verschwunden. Als Ganzes blieb nur die East Side Gallery erhalten, weil sie von Künstlern und Künstlerinnen auf der Ostseite gestaltet worden war. Selbst über ihren Erhalt gab es noch eine lange Diskussion. Ich empfand diesen hektischen Abriss und Ausverkauf (die Mauerteile wurden in die ganze Welt verkauft) als ahistorisch und unüberlegt. Natürlich wollte ich die Mauer auch loswerden, aber braucht so etwas nicht Zeit? Die Mauer in den Herzen und Köpfen ist vielleicht erst mit der nächsten Generation wirklich verschwunden. Auch mit der Ansicht, dass es viel wirksamer gewesen wäre, über die Erfahrungen mit und an der Mauer zu sprechen und sie dann mit den Menschen gemeinsam und öffentlich abzureißen, stand ich alleine da. Meine West-Berliner Freundin, die ich darauf ansprach, sagte nur: »Ich brauche die Mauer nicht.« Immerhin war sie dreißig Jahre in einer eingemauerten Stadt aufgewachsen, was erklärt, warum sie die Mauer einfach nur weghaben wollte. Aber ist das nicht gerade mein Punkt: Wo blieb die Zeit, diese Erfahrung zu verarbeiten und die Mauer aus dem eigenen System zu bekommen anstatt einer glatten Fassade, die vorgaukelt, das alles bereits erledigt ist.

Es war ein Symbol dieser Widersprüche für mich, dass von einem Tag zum anderen der Horizont in meiner Stadt ein anderer war. Endete der Blick bisher im dritten oder vierten Stock eines Hauses auf der anderen Seite, war plötzlich freie Sicht auf das ganze Haus, die Straßen, die Menschen, die Grünflächen. Ganz unglaublich und ein bisschen zu schnell für mich. Andererseits sagte ich mir damals: Wenn es möglich ist, dass die Mauer zu unseren Lebzeiten verschwindet, dann ist alles möglich.

Inge, eine Freundin, ist Haus hüten im Umland von Berlin. Freunde von ihr hatten sich ein einfaches Häuschen mit recht großem Grundstück für Gärtnerträume für nur 40 000 D-Mark gekauft. Was für eine Gelegenheit. Viele Menschen aus dem Westen, die über solche Mittel verfügten, versuchten sich den Traum vom eignen kleinen Wochenendparadies zu verwirklichen. Statt in der Toskana gleich vor den Toren der eigenen Stadt – im Osten. Viele dieser Träume platzten mit der Zeit, weil es dann doch ganz schön weit war und die Häuser so viel Renovierungsbedarf hatten. Es war ein großes Experimentieren.

Inge saß also in diesem Haus mit Holzofen, ganz alleine, weil sie es so wollte. Zeit mit sich selbst verbringen. Sie war eine wichtige Freundin in dieser Zeit, und ich wollte sie für eine Übernachtung besuchen. Eigentlich auch verstehen, wie es ihr ging und ob es nicht zu einsam da draußen war. So machte ich mich also mit der Wegbeschreibung auf den Weg. Mit der S-Bahn bis Strausberg Nord in Brandenburg, dann einen Kilometer in Fahrtrichtung die Landstraße weitergehen, bis die Straße sich gabelt. Zur linken Seite abbiegen und nach 500 Metern ist das Haus schon zu sehen. Ich fuhr am späten Nachmittag im heimatlichen Kreuzberg los und eine Stunde später endlose S-Bahn-Stationen durch den Osten immer weiter aus der mir vertrauten Berliner Zone hinaus. Ich fühlte mich wegen der mir fremden Umgebung etwas verunsichert, aber ich könnte ja immer jemanden fragen. Als ich mich umsah, fielen mir die verschreckten Blicke auf. Als schwarze Frau in Deutschland kenne ich die Situation, angestarrt zu werden, aber das jetzt war anders – nicht feindselig, sondern reine Panik.

Ich musste das in meinem Kopf erst mal sortieren. Hatte ich mir Sorgen gemacht, mich zu verfahren und den Weg nicht zu finden, waren die Menschen um mich besorgt, was die junge schwarze Frau in einer Zone macht, wo es offensichtlich jederzeit möglich ist, dass irgendwelche aggressiven Rowdies zu einer Attacke bereit sein könnten. Ich las in den Blicken, dass die anderen Fahrgäste überlegten, was sie dann tun würden. Wer will sich schon einmischen, das ist ja oft gefährlich, aber müssten sie nicht aus rein menschlicher Sicht eine junge Frau beschützen? In meinem Kopfkino liefen die Bilder von Überfällen in der S-Bahn auf Ausländer ab und der großen Anschläge der letzten Monate. Daran hatte ich gar nicht gedacht. Dass es Idioten gab, die »Ausländerfreie Zonen« deklarierten, und dass Menschen wie mir geraten wurde, nicht in den Osten zu fahren.

Nach der ersten Panik, was ich hier eigentlich machte in der »gefährlichen« S-Bahn im »tiefen Osten«, beruhigte ich mich wieder. Immerhin war ich eine selbstbewusste Feministin, Aktivistin und Afrodeutsche, und auch wenn ich nicht darüber nachgedacht hatte, war es mein gutes Recht, eine Freundin vor den Toren Berlins zu besuchen. Nein, niemand würde mir Angst machen. Sollte mich jemand angreifen, würde ich mich schon zu wehren wissen. Auch würde ich keinen meiner Mitreisenden belasten. Mit der Patina der Jugend gesegnet, fühlte ich mich stark genug, alle Probleme stemmen zu können. Ich schüttelte die Beklemmung ab, so gut es ging, und sagte mir: »Das schaffst du!« Aber ich wusste auch, dass ich diese Art der Erfahrung nicht unbedingt wiederholen musste. Es gibt Risiken, die es einfach nicht wert sind. Alleine und ungeschützt in den Osten zu fahren war eines davon.

Katharina Oguntoye, geboren 1959 in Zwickau, Historikerin, hat in Westdeutschland die Afrodeutsche Bewegung mitgeprägt, u. a. als eine der Herausgeberinnen des Buchs »Farbe bekennen. Afrodeutsche Frauen auf den Spuren ihre Geschichte« (1986) und als Gründungsmitglied der »Initiative Schwarzer Menschen in Deutschland«. 1997 erschien ihre Recherche zur Geschichte schwarzer Menschen in Deutschland, 2020 unter dem Titel »Schwarze Wurzeln. Afrodeutsche Familiengeschichten von 1884 bis 1950« neu aufgelegt. Seit 1996 Leiterin des Vereins Joliba – Interkulturelles Netzwerk in Berlin e. V. 2020 Preis für lesbische Sichtbarkeit des Berliner Senats.

Auferstanden aus Ruinen: Einigkeit. Und Recht. Und Freiheit.

Norbert Lammert

Als im August 1961 die Berliner Mauer gebaut wurde, ging ich zur Schule. Ich gehörte zur Nachkriegsgeneration, die das eigene Land nie anders kennengelernt hatte als in zwei deutsche Staaten geteilt, getrennt durch Mauer und Stacheldraht, den Eisernen Vorhang, einer Front des Kalten Krieges.

Wenn das wiedervereinte Deutschland am 3. Oktober 2020 seinen 30. Geburtstag begeht, ist längst die erste Generation erwachsen geworden – mit vielfach eigenen Kindern –, die nie in anderen Verhältnissen gelebt hat als in einem freien, geeinten, demokratischen Land inmitten einer Europäischen Union, der scheinbar selbstverständlich west-, mittel- und osteuropäische Staaten angehören und der wir scheinbar ebenso selbstverständlich die längste Friedensperiode in der Geschichte unseres Kontinents verdanken.

»Wir sind das Volk«, dichtete Ferdinand Freiligrath 1848 in den Tagen der deutschen Revolution. »Wir sind ein Volk«, war die Parole einer Bürgerbewegung, die zur Wiederherstellung der deutschen Einheit am 3. Oktober 1990 führte. Dazwischen liegen anderthalb Jahrhunderte wechselvoller deutscher Geschichte im Ringen um »Einigkeit und Recht und Freiheit«. Nach den Wirren der Freiheitskriege gegen Napoleon entsprangen die Begriffe »Einigkeit und Recht und Freiheit« politischen Fantasien, geträumt auf einer Insel, im

Wind auf der Klippe. Die Insel war Helgoland und gehörte damals zum britischen Königreich, der Träumer war August Heinrich Hoffmann von Fallersleben, dessen Sehnsucht nach nationaler Einheit und Freiheitsrechten 1841 in seinem »Lied der Deutschen« Ausdruck fand. Im Jahr darauf wurde der Professor für deutsche Sprache aus dem Lehramt an der Universität Breslau entlassen – seiner politischen Gedichte wegen. Das damalige Recht war nicht auf seiner Seite und die deutsche Einheit noch lange nicht in Sicht.

In der Geschichte seines »Deutschlandlieds« spiegeln sich die Turbulenzen der deutschen Geschichte. Fallersleben hatte im Geist der liberal-konstitutionellen Bewegung ein modernes Lied verfasst, er forderte die Überwindung der Kleinstaaterei – gegen die Monarchie wandte er sich nicht, gleichwohl ist sein Text damals nicht nur ein fortschrittlicher, sondern ein oppositioneller gewesen. Hätte er es noch erlebt, hätte er wohl Genugtuung empfunden, als bei der Übergabe Helgolands 1890 an das Deutsche Reich sein Lied angestimmt wurde.

Nationalistisch-aggressiv intonierten Soldaten die erste Strophe eben dieses Lieds im Ersten Weltkrieg, und sie prägte sich als Klangbild vom opferwilligen, singenden Krieger ein, der sich, wie Friedrich Nietzsche bereits zuvor gespottet hatte, »der blödsinnigsten Parole der Welt« unterwarf.

Als Reichspräsident Friedrich Ebert in der Weimarer Republik das Lied nach der Ermordung Walther Rathenaus 1922 als Hymne für die Reichswehr anerkannte, betonte er wiederum den »gegen Zwietracht und Willkür« gerichteten Inhalt des »Sanges von Einigkeit und Recht und Freiheit«. In erschütternder Einfalt übernahm die nationalsozialistische Führerriege die Deutschland über alles stellende erste Strophe in ihren Propagandafeldzug gegen das eigene und später gegen die anderen Völker.

Im Nachkriegsdeutschland war deshalb zunächst niemandem hymnisch zumute. Je souveräner beide deutsche Staaten wurden, umso mehr wuchs auch aus protokollarischer Notwendigkeit das Bedürfnis nach einer – oder zwei – unverwechselbaren Erkennungsmelodien. Die DDR feierte sich mit der von Johannes R. Becher gedichteten und von Hanns Eisler komponierten »Deutschen Friedenshymne«. Doch »Auferstanden aus Ruinen« verstummte schnell, allzu deutlich besang der Becher'sche Text die Einheit der Nation. Die Sangesfreude in der Bundesrepublik, in der man sich im Disput zwischen Bundeskanzler und Bundespräsident in den Gründungsjahren der Republik zögerlich auf die dritte Strophe des in Missklang geratenen Deutschlandliedes eingestimmt hatte, war nicht ausgeprägt. Mutmaßlich war der Mauerfall eine der wenigen Gelegenheiten, zu denen das Lied der Deutschen spontan und ohne instrumentale Begleitung angestimmt wurde: Als die Nachricht von den offenen Schlagbäumen am Abend des 9. November 1989 die Abgeordneten im Bonner Plenarsaal erreichte, war zwar noch längst nicht ausgemacht, dass die Zeile »Einigkeit und Recht und Freiheit« wirklich des Glückes Unterpfand für alle Deutschen besingen würde, aber die Vorahnung der historischen Bedeutung des Augenblicks immerhin lockerte Mitgliedern des Bundestags damals die Zunge.

Wir Deutsche hatten unsere Geschichte nie für uns allein. Von mehr Nachbarn als jedes andere Land in Europa umgeben, waren die Deutschen immer auch von den Entwicklungen in den Nachbarländern und diese von den Ereignissen in Deutschland direkt und indirekt betroffen. Das gilt nicht nur für das unvorstellbare Leid, das von unserem Land in der ersten Hälfte des 20. Jahrhunderts ausging. Auch die glücklichsten Momente der deutschen Nachkriegsgeschichte, der Fall der Mauer und die deutsche Einheit, haben eine europäische Dimension.

Die mit der deutschen Einheit gelegten Fundamente für das »gemeinsame Haus Europa«, wie Michail Gorbatschow das gesamteuropäische Friedensprojekt einst nannte, wurden erwiesenermaßen auf historisch belastetem Terrain gelegt. Diese Grundsteinlegung war alles andere als selbstverständlich. Heute müssen wir erkennen, dass die in einem Glücksmoment gelegten Fundamente auch nicht unerschütterlich sind und keinesfalls unter Denkmalschutz stehen. Das Jahr 2020 macht die Zusammenhänge, aber auch die Spannungen deutlich, mit denen Europa und seine Nachbarn im 21. Jahrhundert zu tun haben.

Die Corona-Pandemie stellt dabei einen besonderen Hintergrund dar. Sie ist eine in ihrer Form und Intensität neue globale Herausforderung. Die damit verbundenen vielfältigen Auswirkungen werden uns dieses Jahr und vermutlich auch noch weit darüber hinaus beschäftigen. Fast alle Bereiche unseres Lebens sind betroffen – von unserem Privatleben bis hin zu den internationalen Beziehungen.

Aufgrund der Pandemie, die viele von uns zu Hause festsetzt, scheint sich die Welt in diesen Tagen langsamer zu drehen, aber das darf nicht darüber hinwegtäuschen, dass es drängende politische Probleme gibt, die sich keineswegs erledigt haben. Es ist schon fast in Vergessenheit geraten, dass das Jahr mit einer historischen Zäsur für das vereinte Europa begann: Großbritannien hat am 31. Januar den Austritt aus der Europäischen Union vollzogen. Jetzt gilt es, einen ungeregelten Binnenmarktaustritt des Vereinigten Königreichs zum

31. Dezember 2020 zu verhindern. Dies zählt zu den größten Aufgaben der deutschen EU-Ratspräsidentschaft in der zweiten Jahreshälfte 2020, die nicht zuletzt von den Verhandlungen über die künftigen Handelsbeziehungen zwischen der EU und Großbritannien geprägt sein wird.

In Syrien geht der Bürgerkrieg, der Hunderttausende das Leben gekostet, Millionen aus ihren zerstörten Heimatorten vertrieben und die gesamte Region destabilisiert hat, mittlerweile in sein zehntes Jahr.

Infolge der Eskalation des syrischen Bürgerkriegs öffnete die türkische Regierung Ende Februar erneut ihre Grenze für Migranten nach Europa und ließ tausende Flüchtlinge an die griechische Grenze transportieren, wo die Lage in den Flüchtlingslagern ohnehin schon angespannt ist. Es war die faktische Aufkündigung des 2016 mit der EU vereinbarten Flüchtlingspakts. Wenige Wochen später schloss die Türkei ihre Grenzen wieder – vorerst und offiziell aufgrund der Corona-Pandemie. Das Migrationsthema ist ganz offensichtlich nicht erledigt.

An der östlichen Grenze Europas gibt es zwischen der Ukraine und Russland mittlerweile das 21. Waffenstillstandsabkommen – täglich wird es hundertfach gebrochen. Europa ist jedoch im Umgang mit Russland uneins – vor allem die osteuropäischen Mitgliedsstaaten der EU fordern eine entschiedenere Haltung, während andere die Aufhebung der gegen Russland verhängten Sanktionen empfehlen. Der Streit entzündet sich nicht nur, aber insbesondere auch mit Blick auf die Ostseepipeline Nord Stream 2, die – so die Befürchtungen nicht nur aus Warschau – Europa erpressbar gegenüber Russland macht.

Mit Blick nach Westen stehen die nordatlantischen Beziehungen schon seit einiger Zeit unter Druck. Gerade jetzt verlangen die Corona-Pandemie, aber auch der Klimawandel und die Digitalisierung nach gemeinsamen Antworten auf der internationalen Ebene, doch der Multilateralismus steht gegenwärtig nicht allzu hoch im Kurs.

Allein dieser kursorische Überblick über die gegenwärtigen Herausforderungen zeigt, dass die europäische Ordnung, wie sie in der Charta von Paris im Jahr 1990 von den europäischen Mitgliedsstaaten der KSZE, den USA, Kanada, der Sowjetunion und der Türkei feierlich und voller Hoffnung bekräftigt wurde, nicht nur alles andere als selbstverständlich war, sondern dass sie auch schon bald zum Teil heftigen Turbulenzen ausgesetzt ist. »Durch den Mut von Männern und Frauen, die Willensstärke der Völker und die Kraft der Ideen der Schlussakte von Helsinki bricht in Europa ein neues Zeitalter der Demokratie, des Friedens und der Einheit an«, versprach die Charta 1990, kaum mehr als ein Jahr nach dem Mauerfall. Die Unterzeichner bekundeten feierlich die Anerkennung nationaler Selbstbestimmung, die Nichteinmischung in innere Angelegenheiten und die Unantastbarkeit der bestehenden Grenzen. Sie legten ein »unerschütterliches Bekenntnis zu einer auf Menschenrechten und Grundfreiheiten beruhenden Demokratie, Wohlstand durch wirtschaftliche Freiheit und soziale Gerechtigkeit und gleiche Sicherheit für alle unsere Länder« ab. Es sollte ein Glücksversprechen sein – und es richtete sich an einen sich wandelnden Kontinent, der wie unser Land lange geteilt war und dem – wie Deutschland auch – Einigkeit und Recht und Freiheit beschieden sein sollte.

Damals war die Geschichte nicht zu Ende, wie manche voreilig dachten; sie war offen – und das ist sie auch heute noch. Wir haben die Geschicke damals zum Glück in die Hand genommen, ohne genau zu wissen, was die Zukunft bringen würde – und wir haben unser Land gestaltet. Die Erinnerung daran sollte uns jetzt das notwendige Selbstvertrauen geben: Auch wir können heute unsere Herausforderungen annehmen und im Wissen um unsere Geschichte Deutschland gestalten.

Wir leben heute in staatlicher Einheit, in Recht und Freiheit. Wir leben in Frieden mit unseren Nachbarn. Deutschland ist ein demokratischer Staat, der Persönlichkeitsrechte gewährt und schützt.

Jenseits der handfesten Interessen und Erwartungen, die zu Recht viele Deutsche mit der Wiedervereinigung verbunden haben, sind dies die eigentlichen, die nachhaltigen Errungenschaften des 3. Oktober 1990. Sie wiederzuentdecken heißt aber nicht, die wirtschaftlichen Unterschiede und Defizite geringzuschätzen. Im Gegenteil: Auch auf diesem Feld haben wir allen Grund, die große Aufbauleistung der Bürgerinnen und Bürger der vergangenen dreißig Jahre in beiden Teilen Deutschlands zu würdigen. Nirgendwo sonst und nie zuvor hat ein Teil eines Landes einem anderen Teil in vergleichbarem Maße geholfen. Kaum je haben sich Menschen die spürbare Verbesserung ihrer politischen und wirtschaftlichen Lebensverhältnisse stärker selbst erarbeitet als in den heutigen neuen Bundesländern.

Die deutsche Einheit als Erfolgsgeschichte zu sehen heißt keineswegs, blind für die heute noch bestehenden Probleme zu sein. Dabei sollten wir uns aber immer bewusst machen, dass wir dabei über die Hinterlassenschaften von vierzig Jahren deutscher Teilung und weniger über die Folgen von dreißig Jahren deutscher Einheit reden. »Ruinen schaffen ohne Waffen«, spottete der Volksmund in der DDR über den deprimierenden Zustand vieler Städte in Zeiten der Teilung. Die aufwändige Wiederherstellung wertvoller, alter Bausubstanz; die

Wiedergeburt ganzer historischer Stadtquartiere; die Beseitigung massiver Umweltschäden; die umfangreichen Modernisierungen der Infrastrukturen – all das sind grandiose Gewinne der Einheit. Viele Veränderungen sind spektakulär.

Noch größer als die Fortschritte sind aber die Erwartungen – auch die politisch beförderten Erwartungen. Sie kommen nicht zuletzt in der unablässig und gerade zu Feiertagsanlässen gern bemühten Frage nach der »Vollendung der inneren Einheit« zum Ausdruck. Zu Recht wird darauf die Gegenfrage gestellt, was das denn sein soll: die vollendete Einheit? Ost und West, alles einheitlich, ein Herz und eine Seele? Diese Vorstellung ist genauso unhistorisch wie naiv. Nichts ist so gut, als dass es nicht noch verbesserungsfähig wäre. Aber Einheit heißt eben nicht Einheitlichkeit. Aus gutem Grund wurde 1994 mit der Neufassung von Artikel 72 Absatz 2 des Grundgesetzes die Formulierung »Wahrung der Einheitlichkeit der Lebensverhältnisse« durch »Herstellung gleichwertiger Lebensverhältnisse« ersetzt. Damit wurde nicht nur gegenüber bloßem Erhalt und Sicherung in der Gegenwart ein in die Zukunft weisender dynamischer Prozess reklamiert. Es wurde auch zu Recht die Erwartung von der Einheitlichkeit der Lebensverhältnisse relativiert. Einheitlichkeit gibt es nicht, weder im Osten noch im Westen – und natürlich auch nicht zwischen ihnen.

Der eigentliche Kern der viel beschworenen »inneren Einheit« Deutschlands muss in der Einigkeit über die Leitprinzipien Recht und Freiheit liegen – im Konsens über den freiheitlichen und demokratischen Rechtsstaat. »Vollendet« kann sie nicht sein. Aber sie ist Wirklichkeit geworden. Das allein ist mehr, als ganze Generationen gehofft oder geglaubt haben.

Einheit muss wachsen. »Sich zu vereinen, heißt teilen lernen.« Dieses nur scheinbare Paradoxon, mit dem Richard von Weizsäcker – dessen 100. Geburtstag sich in diesem Jahr jährte – am 3. Oktober 1990 als erster Bundespräsident des wiedervereinten Deutschlands den Weg zur inneren Einheit beschrieb, hat bis heute nichts von seiner Bedeutung und Richtigkeit verloren.

Die Teilung überwinden heißt teilen lernen: Dieser nach wie vor stattfindende Lernprozess sollte – heute mehr denn je – auch als Anliegen verstanden werden, die Erinnerungen miteinander zu teilen. Gelebtes Leben will und muss erzählt werden, wenn es verstanden werden soll. Die Politik verfügt dabei nur über begrenzte Mittel, sie kann aber und sie sollte dazu Anstöße geben. Das in Berlin geplante Freiheits- und Einheitsdenkmal wäre dazu ein wichtiger Beitrag, der längst überfällig ist.

Wir haben aus gutem Grund insbesondere in der Hauptstadt zahlreiche auffällige Stätten der Erinnerung an die Verbrechen zweier Diktaturen in Deutschland. Es gibt keinen vernünftigen Grund, nicht auch in ähnlich demonstrativer Weise der Freiheits- und Einheitsgeschichte der Deutschen zu gedenken. Sie ist für das Selbstverständnis und das Selbstbewusstsein unseres Landes gewiss nicht weniger wichtig. Es wäre vor allem zugleich eine ständige Ermunterung zu einer breiten öffentlichen Debatte über den Wert von »Einigkeit und Recht und Freiheit heute« – und nicht zuletzt Ausdruck eines über wirtschaftliche Konjunkturen und auch über Moden hinweg tragenden aufgeklärten Patriotismus, genährt von der stolzen Erinnerung an eine gelungene friedliche Revolution und getragen vom Grundakkord unserer Verfassung: Demokratie und Rechtsstaat, Sozialstaat, Bundesstaat und Kulturstaat.

Deutschland ist heute anders als vor dreißig Jahren – und erst recht anders als vor 75 Jahren. Staaten und die dazugehörigen Gesellschaften sind nicht statisch; Deutschland verändert sich, weil die Menschen sich verändern, die hier leben. Gleichwohl pflegen manche Zeitgenossen noch immer ein starres, von nationaler Homogenität geprägtes Deutschlandbild – ein ahistorisches Bild, das die unterschiedlichen Lebensgeschichten verkennt, die erzählen, wer wir sind und woher wir kommen, was uns prägt und was wir von den hier geltenden Werten und Regeln erwarten, die im Übrigen dazu dienen, dass alle in Deutschland lebenden Menschen hier ihr Lebensglück suchen können und möglicherweise auch finden.

Dieser Staat, dessen Einheit wir dieses Jahr besonders feiern, unsere Gesellschaft kann und will Möglichkeiten eröffnen, ein Leben in Frieden und Freiheit zu führen: für all diejenigen, die hier geboren wurden oder zugewandert sind, für die Jungen und Alten, für Christen, Juden, Muslime und Atheisten gleichermaßen – denn Vielfalt ist keine Worthülse.

Am Vorabend des Tags der Deutschen Einheit nannte Helmut Kohl – der in diesem Jahr neunzig Jahre alt geworden wäre – den 3. Oktober einen »Tag der Freude, des Dankes und der Hoffnung«. Er ist dies bis heute: ein Tag der Freude über den erfolgreichen Abschluss einer beispiellosen Entwicklung, einer friedlichen Revolution, die die Verhältnisse nicht nur in unserem eigenen Land, sondern in ganz Europa veränderte; ein Tag des Dankes an unsere Nachbarn, Partner und Freunde, die uns auf dem Weg zur Einheit begleitet und unterstützt haben; und ein Tag der Hoffnung auf eine glückliche Zukunft als wiedervereintes Volk in einem freien und demokratischen Deutschland im Frieden mit allen seinen

Nachbarn, mit ihnen verbunden in einer Gemeinschaft europäischer Staaten. Größeres Glück hatten die Deutschen in ihrer Geschichte nie.

Prof. Dr. Norbert Lammert ist seit Januar 2018 Vorsitzender der Konrad-Adenauer-Stiftung. Zwölf Jahre war er Präsident des Deutschen Bundestages, dem er von 1980 bis 2017 angehörte. In den Regierungen von Helmut Kohl amtierte er als Parlamentarischer Staatssekretär in den Bundesministerien für Bildung und Wissenschaft, für Wirtschaft und schließlich für Verkehr sowie als Koordinator der Bundesregierung für die Luft- und Raumfahrt. 2003 erhielt Lammert einen Lehrauftrag für Politikwissenschaft der Ruhr-Universität Bochum, die ihn 2008 zum Honorarprofessor ernannte. Seine zahlreichen Publikationen befassen sich mit gesellschafts-, wirtschafts- und kulturpolitischen Themen.

Der Mauerfall und was davon blieb

272 Seiten | Gebunden
ISBN 978-3-451-38553-7

Wie kein anderes Ereignis hat der Mauerfall die deutsche Nachkriegsgeschichte verändert und geprägt. Wie haben die Menschen diesseits und jenseits der Mauer diesen Tag erlebt? Welche Träume und welche Ängste haben sie damit verbunden? Und was ist aus den Träumen und Albträumen geworden? Zeitzeugen aus Ost und West erinnern sich. Ein schillerndes Panorama deutsch-deutscher Geschichte.

In jeder Buchhandlung!

HERDER

www.herder.de